中央大学政策文化総合研究所研究叢書　25

東京二都物語

―郊外から都心の時代へ―

細 野 助 博 編著

中央大学出版部

まえがき

　本書は，日本の都市・地域の現状を「人口と産業の複雑な絡まりあいから生まれる光と影」に焦点を合わせ，各種データと組み合わせて平易な「ストーリー」仕立てで物語ることを目的としている．

　例えばこんな風である．東京多摩地域の西の端にある青梅市に近いある市を訪れた．そこは玉川上水の流れる風光明媚なところ．ちょうどその日は年金支給日に当たっていた．金融機関の隣にある空地で朝市が開かれ，年金を手にしたお年寄りがとれたての野菜やちょっとした揚げ物などを買ったりしてにぎわっていた．市の職員さんと打ち合わせの後，軽い昼食をと思い評判の蕎麦屋さんに出向いたら，そこにも年金生活と思われる初老の男性数人が，昼からお酒を片手に蕎麦を食し談笑していた．高齢化社会が進む中で，年金が地域経済をかなりの存在感で回す姿を見た．全国津々浦々でも年々歳々繰り広げられるこの光景を東京の近郊で見る現状は，「日出ずる国」とバブル華やかなりし頃に予想できたことだろうか．負担に応ずる若い人口の減少で年金制度は早晩破綻することが目に見えているという試算がなされて久しい．だから，この光景をいつまで見ることができるのか．年老いてもなお働くことが求められる時代はもうすぐそこに来ているともいえる．いや，AI時代の本格化で「仕事から求められるひと」と「仕事が逃げて行くひと」とに二分される時代が早晩来るかもしれない．人工知能などの技術革新の進む速さは，人智を超えたとも言われている．人口減少を恐れるよりも，世の中の流れに追いつかない人が大量に生まれる時代がやって来ないとも限らない．グローバル競争に負け時代に取り残された地域が錆びついてしまったように．これもある意味ではユートピアの真逆を行くディストピアだ．

　人口減少に関わることについてもう一言．少子化時代からなかなか脱却できないで呻吟する日本の現在がある．生来おっちょこちょいのわたしは依頼

事項をダブルブッキングして，相手先を困らせたことが過去に何回もあった．思い余って，自費で秘書を雇うことで他人様にご迷惑をおかけするのを未然に防ぐ努力を続けて来た．ある年度途中で辞めた秘書の後釜に何人かの候補者が集まってくれた．一番雇いたかった候補者に決め「それでは，来月からお願いします」と私が言い，相手も「これからよろしくお願いします」と言ってくれたので，私は安堵の気持ちで家路を急いだ．しかし1週間ほどして断りの電話があった．「子供の保育園の抽選に漏れてしまいました」と泣きながら．なんという国なのだろうか，この国は．働きたいお母さん方に対して，児童を預かる余地はありませんと突き放す．それでいながら，政治家は平然と女性活躍社会を唱える．この根っこには有権者が本気を出さないから，政治家も本気を出さない悪循環が潜んでいるとは言えないだろうか．

　少子化は1975年頃から言われ出していたが，だれも事の重大性に気づかなかった．1966年の「丙午」で出生率が急低下し，翌年には出生率が2.0強にすばやく戻ったので，為政者も含めて世の中すっかり安心したのだろうか．あるいは，将来女性の社会参加が積極化し，彼女達の発言力や行動力を増すことを見通せなかったのだろうか．1970年代の頃を思い起こすと，オイルショック直後，高インフレに世界中が見舞われた．一早く，米国は「家計防衛のためエプロンを棄ててハイヒールを履いて職を求める」女性に労働市場の門戸を開いた．日本はそうしなかったことから，女性は専業主婦のまま生む子供の数を減らす算段をした．オイルショックの嵐の中で，双方の国とも女性は「家計防衛」を図った．その図り方は対照的だった．米国の婦人達は颯爽と男社会に乗り込んで行ったが，日本の女性達は子供の数を減らすという受け身で応えた．

　少子化に歯止めがかからなくなったから，もはや保育所の増設は必要ではないという短絡的な考え方は通用しない．不意を衝くように襲ってきたバブル崩壊とともに始まった職場でのリストラは，米国に約20年遅れることで否が応でも専業主婦層のエプロンを奪い職場直行を選択させた．あるいは有職の主婦にリスクヘッジのために職場への居残りを選択させた．バブル崩壊後

に本格化した雇用の不安定化は，男性以上に大学で専門知識を積んだ若い女性に「子育てとキャリア形成」の両立戦略を選択させるに十分だった．その結果19世紀の地理学者ラベンシュタインの「移住の法則」が働く．すなわち，移住はなるべく近くで行われ，女性の方が男性よりも移住の意向は高いという傾向法則である．家庭内での会話で女性から移住へのきっかけが示され，合意の後でより都心に近い近隣地域への移住が開始された．首都圏ではその状況が「郊外時代よ，さようなら．都心時代よ，こんにちは」というキャッチフレーズで語られることになった．このことが，本書執筆の直接のきっかけともなっている．

　ところで，共働きが昔から一般的だった地方では「何を今更待機児童ですか」という意見もないではないが，地方もそれぞれのブロックで人口集中と核家族化が進み出し，保育や教育にまつわる「子育ての壁」が大都会特有の宿痾ではなくなっていることに早晩気づくことになる．首都圏と同じような状況が「コンパクトシティ」の名の下で起こりつつある．いずれも「年齢の若い層が（子供がいるなら彼らを連れて）移動する」という共通点がある．この裏返しとして，高齢者だけが郊外に取り残されるという共通図式がある．年金支給日の蕎麦屋での情景は，首都圏より一足早く全国津々浦々で繰り返されているからだ．

　上の2つのケースで端的に示される少子高齢社会が抱える問題に，手をこまねいている日本の姿を世界はじっと固唾をのんで見守っている．早晩彼らも辿るに違いない道の試行錯誤を一足早く日本が肩代わりしてくれると半ば期待，半ば不安の気持ちで．日本が有効な処方箋を発見できないと判断したら，世界は日本に対する関心を失い，代わりの国を探すだろう．しかしその自覚もないまま日本は現在，世界的分水嶺の前にその方向性を見失っているように思われるが杞憂だろうか．

　さて，本書は上記の問題意識をベースにして執筆されているが，具体的な記述対象は地域（ローカル）である．それはローカルがナショナル（中央）やグローバルの土台であるという絶対的基準（これを中世哲学的に言うと「存在

の大いなる連鎖」となろうか）を再確認してほしいからだ．本書は以下のように三部構成になっている．まず第Ⅰ部で首都圏と地方圏を「対置した地域」としてその現状をストーリー仕立てで概観する．本書で多用しているデータ解析は明確な因果関係を示唆してくれる場合もあるが，示してくれない場合もある．あるいはデータの背後にある隠れた因果関係を不幸にも発見できていない場合もある．哲学者ヒュームの言うように「原因と結果が一つ一つ固い糸で結ばれているわけではない」からだ．もっと言えば，ここで物語る社会のマクロ現象の多くは，個々人のミクロ的動機に完全に還元できはしないという「マクロ・ミクロ」問題に突き当たってしまう．したがって編集にあたって「学術論文」の作法にしたがった記述ではなく，読者に直接話しかける「物語」風のスタイルで記述することにした．それでもデータによる解析を下地にして叙述することから，いくつかの個所では数式をやむを得ずに使った．これに読者は多少のとまどいを覚えるかもしれない．数式を使わずに曖昧かつ冗長な説明をする方が読者にとってマイナスになると考えたからだ．しかし，数式を飛ばしても何ら差し支えないし，読者の理解がそれで削減されることもない．ただ「議論の厳密性」を物語性の基礎に置きたいと考えたためである．つまりある種の「Analytical Narrative（分析的物語）」をめざしたからである．

本書のタイトルも記述のスタイルを直接反映させ『東京二都物語』とした．産業革命による繁栄期を迎えてはいるが，物的充足がそのまま精神の充足につながらない暗中模索の霧の中でもがく若者世代を輩出する英国ロンドンと，飢饉を契機に民衆の間に積もり積もったうらみやつらみが暴虐を生み，旧制度がその時代の渦をうまく制御できず崩壊してゆく仏国パリをディケンズは『二都物語』で対比的に描いた．その対比の妙をモチーフにして，データを利用して日本のローカルの姿を第Ⅰ部で描いてみた．グローバル化，情報化の進展する中で首都圏と地方でどのような違いが概観できるのか．全国的視野で人口と産業構造の側面から語ってゆく．

次の第Ⅱ部でその対比を首都圏の都心部を含む「23区」と郊外部（あるい

はあえて地方部と挑戦的表現にしても良い）で構成される「多摩地域」で試みる．高度成長期から続いた「郊外時代」は終焉し，バブルの後遺症が招いた経済低迷期を経て「都心時代」がやってきた．この時代絵巻は，まさに「大都市東京の再編成」物語でもある．小津安二郎の名画『東京物語』が戦後の地方と都会の庶民生活を「人情」をキーワードに見事に対比させたような家族の再生は果たしてこれからの時代に可能なのだろうか．

「待機児童」問題に象徴されるように，少子高齢化社会の中で子育て環境はなかなか思うように改善しない．他方，将来を賭ける若者達の東京一極集中もなかなか収まらない．若者が去った後に年老いた人たちが取り残される．そして首都圏と地方の姿が，まるで「入れ子細工」のように都心部と外縁部でも繰り返される．あらゆる機能がある特定地域に集中し，その他の地域は取り残される．その過程で世代の空間的分離も始まり，経済的格差も拡大してゆく．都心部を抱える 23 区と衛星都市からの脱却が十分に図られていない多摩地域の地価を昼間人口密度との関係で分析してみると，地価の二極分化が今後ますます一般化してゆくことも暗示されている．その理由の一端は，利用価値が市場が介在することで直接地価に反映してくるからだ．選択され続ける地域とそうでない地域に二分化されることが人々の居住をめぐる選択の幅を狭める作用をする．だから，一極集中と中央集権の「コインの裏表」を解消するためのバランスのとれた社会のあり方を根本から問い直す必要性がありはしないか．

第Ⅲ部は各論である．私も含めて 3 人の執筆者のそれぞれ持ち味を生かした「課題への多様なアプローチや実践の発展可能性」を含めて地域活性化に向けて議論の題材を提供してもらうことが目的でもある．東京圏都心部と外縁部を経済依存度の観点から新たに「NF 指数」を開発しそれを地図上にマッピングさせた中西論文，産官学連携組織で多摩地域の再生の一翼を担おうとする活動を紹介した細野論文，産業連関分析による地域産業の相互関係を実例を示しながらわかりやすく概説した長谷川論文が収録されている．

なお本書の出発点は，中央大学政策文化総合研究所 2015-2017 年度の研究

プロジェクト「大都市近郊圏の産業と雇用の関係性についての構造分析 −多摩地域を中心として−」の共同研究にある．北澤舞子さんを始め研究所の皆さん，私の研究室の秘書村上実江子さん，出版部の髙橋和子さんには多大なご尽力をいただいた．記して感謝すると同時に，本書が本プロジェクトの究極の目標である「多摩地域の再生」そして，この地域の再生が，凋落しつつある「グローバルシティ東京」の魅力作りの一助になればという願いで執筆されたことを改めて指摘したい．さらに本書各所に含まれる教訓が広く首都圏を超えて，全国至るところで地域活性化に取り組む諸氏の参考になることも期待したい．

2018 年盛夏

細 野 助 博

目　　次

まえがき

第Ⅰ部　地方創生物語

第1章　あらすじから始まる地方創生 ………………… 3

細 野 助 博

　　はじめに　3

　1．人口増加の普遍法則　4

　2．女性は反乱する　6

　3．集中の順位規模法則　10

　4．ビジネスのダイナミズム　19

　5．地域経済再生の循環メカニズム　25

　6．連携の必要性　28

　　おわりに　30

──コラム──
受け継ぐことの難しさ　32

第2章　ジェンダーギャップ固定化 ……………………… 35

細 野 助 博

　　はじめに　35

　1．ハードな選択　36

2．統計的差別で賃金差が固定化　40

　おわりに　44

　　　　──コラム──
　　　最も高く，最も厚いガラスの天井　45

第3章　地域経済と人口ダイナミクス ……………… 49

　　　　　　　　　　　　　　　　　細 野 助 博

　はじめに　49

1．古すぎる対立図式　50

2．人材をプールする3つの条件　52

　おわりに　61

　　　　──コラム──
　　　人間と科学技術の新しいつき合い方　62

第II部　東京二都物語

第4章　郊外時代の終焉 ……………………………… 67

　　　　　　　　　　　　　　　　　細 野 助 博

　はじめに　67

1．二つの力のせめぎ合い　68

2．二地域の人口の推移　71

3．居住地選択のモデル　82

　おわりに　87

　　　　──コラム──
　　　豊穣と貧困が両存する悲劇　88

目　　次　ix

第5章　時間距離の相互作用 ……………………………… 91

細　野　助　博

はじめに　91

1．2つの地域の比較　92

2．昼間人口の時代的変化　93

3．相互作用モデルで見る「非対称な人の流れ」　99

おわりに　106

──コラム──
就活から婚活へ　107

第6章　ダイナミックな都心，スタティックな多摩 …111

細　野　助　博

はじめに　111

1．経済ダイナミズムを比較する　112

2．空間的集中の効果　119

3．集積することの強み　129

おわりに　130

──コラム──
都会と田舎，どちらが支えている？　132

第7章　地価を二極化する人口 …………………………135

細　野　助　博

はじめに　135

1．地価と経済　135

2．地価と人口　137

3．地価と時間距離　141

4．データ分析が教える現状　143

5．地価と商業的魅力　145

おわりに　149

——コラム——
摩天楼のさびしい夕暮れ　150

第Ⅲ部　多摩活性化にむけての各論

第8章　GISで描く東京大都市圏の
郊外地域の変容 ……………………………………155

中西英一郎

はじめに　155

1．人口減少下の大都市圏郊外　156

2．人口減少の影響を強く受ける地域はどこか　160

おわりに——広域連携による施策展開を　167

——コラム——
モラルと競争　169

第9章　産官学の広域連携で実践する人材育成 ……171

細野助博

はじめに　171

1．「ネットワーク多摩」の挑戦1.0　174

2．「ネットワーク多摩」の挑戦2.0　178

3．トップからの意識改革の必要性　183

　おわりに　186

　　　──コラム──
　　大学政策の今昔物語　187

第10章　多摩地域の産業構造と相互依存 ……………191

長谷川 聰哲

1．地域内と地域外の経済の結びつき　191

2．東京特別区と多摩地域の産業の相互依存　193

3．地域と国境を越えた強い生産ネットワーク　200

4．多摩地域の産業構造　202

　　　──コラム──
　　時間よとまれ！今が最高　204

参 考 文 献

あ と が き

索　　　引

第Ⅰ部
地方創生物語

第1章

あらすじから始まる地方創生

細 野 助 博

は じ め に

　全国で「生き残り」をかけた地方創生の動きが活発だ．「まち・ひと・しごと創生」とネーミングされた地方版総合戦略づくりが全国の自治体で開始され数年経った．国の基準で合格すればもらえる「財政支援制度」も用意されている．財政ひっ迫の折，用意されている財源に上限があるからそれほど大きなパワーを発揮する可能性は低いことは当初からわかっていた．しかし地方も財源不足だから一円でも貴重だ．また，使い勝手や内容の網羅性はともかく，地方から集めた統計情報をいったん精査し標準化しデータベース化して提供もする．RESAS（地域経済分析システム）という共通したデータベースが用意されたことから自治体ごとの比較も可能となった．そして霞が関の人材を地方に派遣する用意もある．日常性に埋没した感のある地方資源を「よそ者の視点」で再発見・再活用する道も開かれた．「国がデザイン」して，各自治体に独自の戦略作りを奨励し，作って終わりではなく実施計画にはPDCAのモニタリングの義務化を盛り込んだ．大きな絵を描ける自治体なら，地域特性や目的を定めて「国家戦略特区」などで一気に他を引き離すこともできる．従来のような実現性もロードマップも示さないコンサル頼みの「バラ色

のビジョン」の作文では，評価も補助金ももらえない．国が求めているのは，地方の実情に合わせた「堅実な実行計画」の策定であることは確かだ．

　戦後一貫して国が進めてきた「国土の均衡ある発展」という大方針からの転換を，自治体は危機としてとらえるのではなく，データや情報をもとに足元をじっくり観察し，地域を売り出す絶好の機会としてとらえるべきだ．それも国から与えられたデータに専ら依存するのではなく，自前のデータベース作りもすべきだろう．それはともかく，国が仕掛けた地域間競争が，各地域の計画に盛り込まれる理路整然としたロジックの優劣を明確にすることも必要だ．地域間競争は「仮想ライバル」との比較から開始される．地方の変革がまさにこの作業から開始されると期待をしてみたい．

　しかし内閣府が仕掛けたフレームでは，中央集権型の一元的な地域間競争が展開されるだけだ．これでは，多様な地方特性を生かすことなど出来ないからまたしても「金太郎あめ」の競争に矮小化される危険性がある．地域が内在的に持つ地域ごとに実現するであろう「最適解」の自発的発見も，実現にむけての創造的思考錯誤も発現しない可能性もある．これは東京圏の西郊に位置する多摩地域もその埒外にはない．首都圏と地方圏の対比がそのまま，23区と多摩地域とで相似形で映し出される．本章の目的は，多摩地域の明日を考えるために，全国規模のデータを活用して「相似形」を抽出すると同時に地域経済再生の予備的な実証分析の一端を紹介することである．

1．人口増加の普遍法則

　統計学の祖ウイリアム・ペティは「人は賃金の高い産業に向かって移動する」という法則を発見した．色々なチャンスを求めて産業をまたぎ，空間をまたいで人は移動する．これを後世の経済学者は「足による投票」と言いかえた．世界規模でも都市の人口割合は増加の一途で，世界銀行の推計では1年間に0.5％ずつ上昇を続けている．2016年段階ですでに55％に達している

から，単純計算であと 10 年経過すると 60% になる計算だ．環境面での持続可能性を考えたら，地球規模で人口爆発とともに過密過疎の地域をまたいで発生するアンバランスが深刻になる．

　農村から都市への移動ばかりではない．欧州に押し寄せるシリアなどアフリカ諸国からの難民も北米を徒歩でめざす中南米からの難民も同じ．将来を案じて自国を捨てる．その負の効果はあるときは国を傾けるようなカタストロフィーを生じさせるほど甚大となる．社会主義体制下の住民は難民化し，かつてベルリンの壁を壊して「冷戦レジーム」を崩壊させた．東日本大震災後の尋常の域を超えた人口移動で，東北の地域社会は一部を除き，人口減の危機から十分に回復してはいない．自然災害も人災も同じように人の流れを変え，社会を変える．

　人口が経済や社会に与える影響は，想像以上に甚大だ．その影響力は以下の 3 つの効果に大別される．3 つの効果がミックスされて，人口は経済や社会を動かすエンジンとなる．まず，「人口は需要を作る」ことで社会に雇用を生む．「職を求めて移動」してきた人口が加わって地域の新たな需要を作り，その需要が追加的な雇用を作る．その雇用から主に婚姻を通じて新たな家庭が追加され，それが地域経済の需要をさらに支える．とくに地域が若い年齢層に新しい職を提供することで，経済力の高まりとともに彼らは家庭を持つ余力を手にする．その職を与えられた彼らは，次に「人口は供給を支える」のたとえ通り財・サービスの生産に寄与し，社会を快適に豊かにしてくれる．そして 3 つの効果の中で次が最も重要なのだが将来に希望を持てば，出生率を上げ，「新しい時代を支える次世代人口を用意する」．地域経済が安定すれば，夢多き若い世帯を中心に，新たな人口を生み育てるチャンスが増加する．さらに現代は「事業所も若い人たち（人材）のアイデアを求めて移動」してくる．これは世界中のどこの地域でも当てはまる人口を巡る普遍法則だ．歴史が教えてくれるように，若く何事にも拘束されない世代が新しい社会にふさわしいアイデアやイメージ，それを具体化させる制度や組織を彼らの信念と行動力でデザインし現実のものにしてくれる．本書ではデータ解析をもと

6 第Ⅰ部 地方創生物語

に，地域経済再生に関わる課題と関連する教訓のいくつかを整理してみる．

2．女性は反乱する

　農業社会から近代社会への転換を選択した日本は1960年代に少産少死の人口構造を定着させた．人口のピークは2010年頃にという人口学者による予測は，2年早く2008年に1億2,808万人で迎えた．1975年頃から合計特殊出生率は2以下になり，人口を維持するに足る2.07の底を割り猛スピードで低下を続けることは予想外だったに違いない．専門家とて予想外なのだから，当然門外漢の政治家や官僚から早め早めの政策が講じられる事はなかった．むしろ，高齢化の進展を「長寿社会」と言い換えて高齢者対策に傾斜して行った．与野党を問わず，魅力的な票田をライバルにくれてやるという高次元の鷹揚さなど微塵もなかったからだ．こうして，少子化に対する有効な手だてと機会を逸していった．

　人口減少時代の到来は1980年代から繰り返し指摘されてきたが，政策の表に出てきたのは増田寛也たち「日本創生会議」が2014年に896の『消滅可能都市』を具体的に指摘した衝撃をきっかけとする．大半の自治体が薄々感じていた不安が，断定的に指摘されたからだ．それに自分のまちはそうだが「となりのまちは」という自治体特有の近隣比較論が将来人口に関心を引くための味方をした．出生率回復が5年遅れるごとに安定人口水準は300万人ずつ減少するという大胆な予測とともに，人口再生産してくれる若年女性数に着目した意味は実に大きく適格だった．女子の出生比は0.48で男子よりも4ポイント低い．希望出生率1.8など何の意味もない政治的メッセージに固執せずに，早めの対策を急ぐべきだ．マスコミがこぞって記事にするような少人数の地域での高い出生率より問題なのは，人口再生産を担う女性が圧倒的に集中している大都市における低出生率なのだ．とくに東京都は婚姻率最高，出生率最低のギャップをもっと重大視すべきだ．なぜ，若い適齢期の男女が

多い東京都で婚姻率と出生率のギャップが解消されないままなのか．「一億総活躍社会」が政策として実現不可能なポンチ絵でしかないとしたら，いつまでたってもギャップは解消しないし，日本全体が人口減の奈落の底に沈んでしまう．

　1970年代に主流派だった専業主婦という存在は，ポストバブル経済まっただ中の90年代に後半ごろからすでに少数派となっていた．団塊ジュニア世代は，共働きを前提としなければもはや彼らが育った生活水準を維持できない．70年代という時期にオイルショックが襲った米国では，生活水準を落としたくないと「主婦はエプロンを脱ぎ捨て，子供を保育施設に預け，ハイヒール履いて職場に直行」した．その姿をそっくり40年後の日本は辿っているのだ．米国ではベビーシッターなどの保育サービスや制度・施設が整備され，職場で女性を受け入れる体制を早急に整えることができた．それゆえに出生率の大幅低下も未然に防げた．女性の管理職ももはや当たり前である．近いうちに女性の大統領も夢ではない．翻って女性にもっと負担をかけようとする「女性活躍社会」を平然と唱える日本はどうだろうか．

　日本では，「結婚が子づくりへのパスポート」で，婚外子は高々5%でしかない．フランスはその10倍強で出生率は2を超えた．世にいう女性有業率の「M字曲線」はライフスタイルを維持するための経済的な理由による場合（これをダグラス＝有沢の法則という）と，様々な制度的しがらみや婚姻市場の不活発化で生まれる非婚化の傾向から，谷の部分が底上げされて欧米同様の「台形曲線」になろうとしている．しかし形と中身は欧米とは全く違う．欧米先進国では台形が少子化の原因にはなっていない．日本では大都市ほど，若干の地域差を含んだ賃金体系であったとしても，高生活コストゆえに結婚しても共働きを選択する．まず，共働きが一般化し増加する児童に対し保育施設が不足しているために待機児童が積み残されて一向に解消しない．その上郊外に居住すると，片道1時間半の通勤時間と高い混雑率で仕事場に到着する前に疲弊を強いられる．この不便を嫌い，郊外から都心へと若い世代の移住が首都圏では進んでいる．これ迄バブル経済がはじけるまで地価の上昇のた

びに都心から郊外に移住を強いられてきた．バブル崩壊による都心の地価の沈静化と，共働きの一般化が始まった．子育てとキャリア形成を両立するリスクヘッジ（リスク対策）の必要性をバブル崩壊後の親世代のリストラの惨さを見てきた子世代は学んだからだ．この共働き世代は，男女の役割分担の在り方を徐々に変えつつあるが，それでも職場での「働き方」が根本から修正されなければ，「都心回帰」で自らを防衛しなければならない．2005年ごろから「郊外の時代の終焉」が明確になってきた．おそらく都心部に予想外の大災害でも発生しない限り，この傾向は一朝一夕では覆されないだろう．今も都市に住まう若い世代は，高い家賃と子育て環境が地方に比較して劣悪と言える環境を甘受しつつ生活をしている．

　日本では共働きの一般化は米国よりも緩慢であった．しかし，有権者の側に学習効果が働かなかったのか，あるいは票田としての魅力がなかったのか，政治の側の関心度は極めて低かったため，制度の整備が遅れに遅れ，未だにハード面とソフト面で問題が噴出している．ハード面では幼稚園と保育園の一体化が利益団体の無理解で進まず，幼稚園の超過供給，保育園の超過需要というアンバランスを生んでいる．さらに，保育園に対する地域社会の無理解や協力の薄さが保育ニーズが年々高まっているにもかかわらず新増設を妨げる．この現状は大都市から中山間地まで含めいたるところで進展する都市化が，顔が見え，お互い様の互助精神を産む地域コミュニティの崩壊を生んでいる象徴である．

　また待遇面の悪さから，保育士の職場定着が進んでいない．有資格者も職場へ積極的に参入する気配が見えない．圧倒的多数の子育て世帯が，保育園探しに苦労と負担を感じている．その結果，2017年10月段階の全国の公式待機児童は55,433人であるが，対前年比で約7,700人の増加である．不本意な保育事情ややむなく育児休業の延長をしている家庭の対象児童（隠れ待機児童）はその2倍はいるという推計もある．ともかく子供を預けて職場に直行したい子育て世帯の女性たちは，保育施設を求めてさまよい，自宅と施設の距離を呪い，パートナーの協力の少なさを呪う．イクメンに対する職場の

無理解を何とか理解させようとするが，それが無理だと悟ると黙りこくることになる．彼女たちの苦悩を間近に見る後輩たちは，仕事バリバリの非婚化への道をひた走る．将来世代への想像力が欠如していることを踏まえれば何と劣化した国だろうか．それでも政権は安定している．国民も米国並みに劣化しつつあるのか．

これまで大都市に引き付けられた人口の受け皿として，大都市近郊はベッドタウンとして開発されてきた．このベッドタウンではかつて将来ポストが約束されることで家庭内分業を許容できる成長経済を謳歌できていた．しかし現在の若い子育て世代は，バブル崩壊とともに進んだ中高年労働者を巻き込んだ大量リストラの波でこうむった労働市場の縮小と待遇の低下による，彼らの父親の窮状を間近に見聞きし，リスクヘッジの必要性を痛感せざるを得なかった．これが共働き世代が大量に誕生した直接的要因である．またグローバル競争が商品のライフサイクルの短命化と低価格化を同時に進めたことから賃金上昇を企業に停止させた．それどころか，正規労働者の賃金を固定費としてみる見方が定着し，それが正規労働者の圧縮と賃金低下へのドラスティックな対応を迫った．こうして家計防衛に走らざるを得ない若い世代は，家庭内分業ではなく共働きを選択させられた．女性の高学歴化も進み，産業の知識化も進み，男女賃金差は解消に向かっていることもこの流れを助長した．こうして，合理的なカップルは合算した購買力で，多少値の張る都心型マンション目指して，郊外を出てゆく傾向が続くことになる．この動きはさらに進み，子育てとキャリア形成の両立を目指して，「働き方革命」にまで進みつつある．これが都心回帰をさらに助長するか，沈静化するかは予断を許さない状況にあるが，多様なカップルへの寛大さ，「働き方」の多様化の保証，「子育ての社会化」を日本全体で制度的にも環境的にもコミュニティレベルから整えてゆく時期に来ている．そのためにも政治と行政に，制度的な障害に立ち向かうリーダーシップと先見性が求められている．

3．集中の順位規模法則

　若い世代はなぜ子育てに苦労する大都市に縛りつけられて生きていかなければならないのか．共通して言える理由は，地方自治体や地方金融機関に就職できる一部を除き，大都市だけにしか「選択に足る」十分な職が地域に存在しないことだ．選択に足るとは，経済的に安定し，使い捨てでなく人材開発に理解があり，それなりに地域において一定の認知をされている勤務先，つまり自治体であり，地域金融機関であり，地元を代表する企業である．その数は地方に行くほど減少し，地元志向の大学新卒予定者の間で「椅子の取り合いゲーム」がこのところ続いてきた．いきおい情報が比較的手に入りやすい地元大学・短大の学生が首都圏や大都市に出て行った学生よりも有利な条件で競争できる．地方を出た学生たちはその状況を事前に察知し，U・Jターンではなく自発的か否かを問わず大都市を選択することになる．

　ところで，東京圏のみに人口が移動しているわけではない．北海道なら札幌，東北なら仙台，中部東海なら名古屋，九州なら福岡と地方の中核都市に人口集中が進んできている．さらに言うと，事業所の立地数が他の地域に比較して十分でない四国などの地方でも人口集中が加速化しだしている．全国どこでもこの傾向は強化されこそすれ，一向に緩和する気配は見えない．その理由の根本原因は何かを問わなければならない．これについては本書の第7章でその一端を説明する．地方には職も含めて，なぜ若者を引きつける魅力が容易に生まれてこないのか．自宅などの資産管理義務も地域共同体のしがらみもない分，若い年代には選択権も移動力もある．日本を直撃する少子化のツケはいずれマクロ経済を地盤沈下させ，大都市圏よりもむしろ経済地盤の弱い地方圏に倍加されて必ず巡って来る．

　では，日本の人口の地域分布を決定するメカニズムに焦点を合わせて少し分析を行ってみよう．まず，人口はなぜ都市に集中してくるか．理由は簡単で，本社機能中心で下請けや孫請けも含めて護送船団のように企業が行動す

るとすれば，大都市に大・中・小企業の本社が集中してくるのは必然だ．米国のように本社機能が地方に分散する仕組みが備わっていないから，地方では新しい職やビジネスチャンスの創出や追加の可能性は低くならざるを得ない．事業活動の大半が本社の意向に左右され，大都市への事業所の集中集積は強化される．

　人口の首都圏集中の現状を図 1-1 のように 2010 年から 2016 年の都道府県の人口増加率で見てみよう．人口増加率がプラスを記録したのは東京都，埼玉県，神奈川県，千葉県の南関東ブロックと，愛知県，福岡県，滋賀県と沖縄県のみだ．47 都道府県のうち少数の 8 都県だけだ．

　日本全体で人口の自然増が望めないとすれば，他の地域からの社会移動に期待しなければならない．現実から導かれた「人口は職を求めて移動する」という傾向は，昨今の情報経済の伸展から生まれた「事業所は人材を求めて立地する」という傾向とあいまって，特定地域に人口集中を加速化する．人口は賃金の高い産業に向かって移動するという「ペティ=クラークの法則」は産業間の人口移動と共にその産業が集積する特定地域に移動することを暗示する．このことをペティ自身は熟知していた．彼自身が時計とその関連産業がなぜスイスという特定地域に集中集積するのかについて分析を試みている．

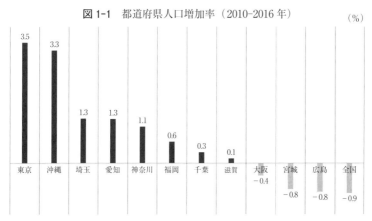

図 1-1　都道府県人口増加率（2010-2016 年）

（データ出所）https://resas.go.jp/ より

12　第Ⅰ部　地方創生物語

経済資源だけでなく流行やリスクに関する情報ネットワークと厚い人材プールが作り出す経済的外部性を求めて集中集積してくると説いた．この空間への視点を持った鋭い洞察力は企業のメリットを説いた経済学の祖であるアダム・スミスにもない．数学や統計学の知識に裏付けられたペティならではの真骨頂である．

　そこで都道府県データをさらに集計して，全国10の地域ブロックで人口変動を大きく左右する社会移動の特徴を検討する．関東をまず2つに分割した（北関東＝栃木，茨城，群馬．南関東＝千葉，埼玉，東京，神奈川）．また，北陸には3県の他に新潟を含めた．

　図1-2で示されるように移動を「域内移動」，「他地域からの移動」，「他地域への移動」に分けその構成比から各ブロックの特徴を全国平均と比較する．結果として域内の移動は全国平均で36%であるが，北海道がとびぬけて高い．これは，札幌一極集中が大きな原因として挙げられる．また広い面積を持つため，ランダム・ウォークを特徴とするラベンシュタインの「移動法則」にそった域内での移動が多くなる傾向が観察される．これに次いで中部東海,

図1-2　地域10ブロックの社会移動（2016年）

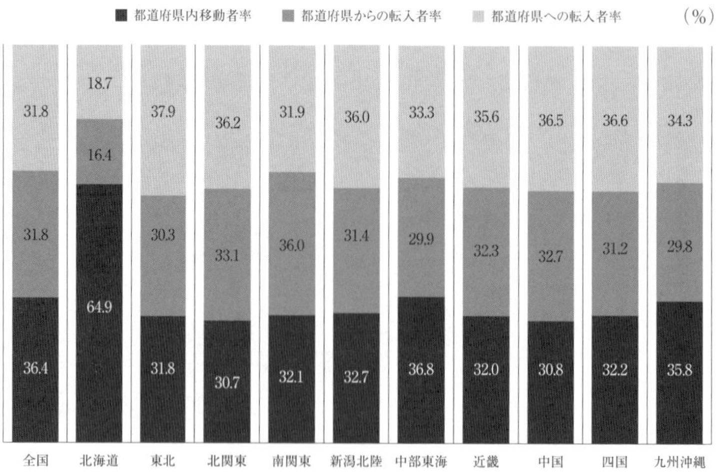

（データ出所）https://resas.go.jp/ より

九州沖縄の比率が高く出ている．中部東海も九州沖縄も，自動車産業関連の雇用と取引構造について確固としたメカニズムが存在するとともに，間接的に関連する産業とも取引きを通じて労働市場がある程度完結できていることが考えられる．ところで「他地域からの流入」は東京を含む南関東が全国平均より4ポイントも高く他を引き離している．新産業の創出や企業の本社機能の統合などを中心に事業所の集中が加速化していることが大きい．工場などの事業所の再統合先として首都圏に近い北関東がそれに続いている．逆に「他地域への流出」は東北，北関東，新潟北陸，近畿，中国，四国が高い．とくに東北でこの傾向が止まらないのは東日本大震災と原発事故の後遺症とこの地方特有のハンディキャップを除去する抜本的な対策がとられてはいないことがあげられる．複雑な地形の故にきめ細かなデザインが必要な交通網などの社会インフラの整備が十分ではないこと，古い体質を嫌う若者人口の流出が止まらないこと，それに事業所立地を躊躇させる厳しい気候が東北のイメージを低くする作用をもつからだろうか．

このブロック別人口移動を「順位規模法則」の枠組みを使い，事業所数と従業者数から分析を続ける．事業所数と従業者数に関する数値の規則性を見てみよう．南関東の数値×ブロック数1コ＝2番手ブロックの数値×ブロック数2コ＝3番手の数値×ブロック数3コという結果になる．このたいへんラフな計算をもとにすると，「順位規模法則」を当てはめることができる．

さて都道府県データを使って順位規模法則をデータ解析してみよう．順位規模法則が成立するもとでは，地域としてある程度完備された単位でどの単位でも成長率は一定であるという仮定が成り立つ．この法則に従うと，一番の都市や地域の人口をKとして，

人口最大地域＝1個×（K人/1），人口第2位地域＝2個×（K人/2），人口第3位地域＝3個×（K人/3），……，

人口第n位地域＝n個×（K人/n）という規則性が観測される．

これを式に表すと順位をr，最大規模の地域の人口規模をKとして

$$r = (1 \times K) \times \left(K/_r\right)^{-1}$$

という地域の分布則についての定式化がなされる．地域社会との経済的社会的単位としての自立性が高い都道府県で，この経験則が当てはまるかどうかは，次の推計式を使えばよい．

$$\log r = \log K - 1 \cdot \log(K/r)$$

　人口の傾きが-1.0か否かの推計結果は，図1-3のようなグラフで示される．
　対数値で表した人口規模の大きい都府県（横軸で右下のほう）といった上位グループでは当てはまりはあまりよくないが，中位から下位の県（横軸で左上の方）の当てはまりはよい．また推計式の傾きは「絶対値」で1よりも若干大きい．つまり地域間競争が人口を巡って展開されていることを示唆する．しかし，2010年と2016年を比較すると，徐々にではあるが1に近づいていることがわかる．これは都道府県単位ではどの規模にも共通する一定の確率をもった人口変動に近づきつつあることを予想させる．つまり，成長と衰退のチャンス（確率）は都道府県の規模に左右されず「一定」ということになる．
　この法則が成立すれば，大都市人口を抱えた地域ブロックが高い（あるいは低い）成長を示し，小規模都市だけで構成される地域ブロックは低い（あるいは高い）成長を示すという「人口規模に左右される」傾向を一切持たないこと，あるいは成長率はどの規模の地域においても一定の確率法則（一定の平均と有限の分散）に支配されることを意味する．この法則を実証化した図1-3で判別できるように，4番手以降の地域ブロックではまずまず「規模（各ブロックごとの事業所数，充業者数）に関係なく」等しい確率で成長していると推測できる．ともかく経済発展学説として有名な「雁行形態説」にあるように，地域間ではある程度の傾向法則が観察されて，先頭から少し離れて後続する多数の雁が秩序正しく同じ速度で前に進むパターンがある程度組み込まれている．トップやそれに近い二番手，三番手同士の競争を前提とする経済ブロックの健闘は当然期待されるが，そのグループに後続するブロックは

第1章 あらすじから始まる地方創生　15

図1-3　都道府県での順位規模法則（2010, 2016年）

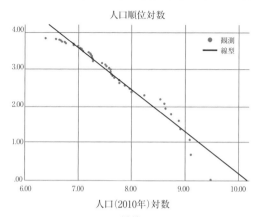

係数

	非標準化係数 B	標準誤差	標準化係数 ベータ	t 値	有意確率
人口（2010年）対数	-1.129	.037	-.976	-30.374	.000
（定数）	11.465	.283		40.507	.000

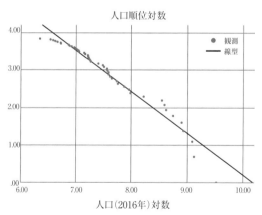

係数

	非標準化係数 B	標準誤差	標準化係数 ベータ	t 値	有意確率
人口（2016年）対数	-1.107	.036	-.978	-31.172	.000
（定数）	11.275	.270		41.802	.000

（データ出所）https://resas.go.jp/ より

図 1-4　地域ブロックの順位規模法則

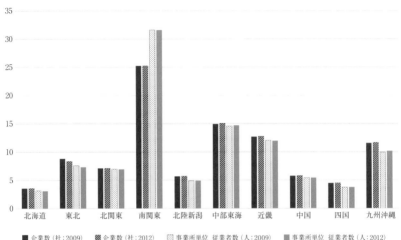

(出所)「経済センサスデータ 2009/12 年」

チャンスが等確率であることから，この法則が近似的に成立する．とすれば一方的に首都圏一極集中をなじるのではなく，各自の個性を培養強化するチャンスを抜け目なくつかみ取る気概がどの地域にも必要だ．とくに，北関東が東北ブロックと，中国ブロックが四国ブロックと「仮説的意味ではなく」実質的に連携して，九州沖縄ブロック並みの事業所数になるように成長することも 1 つの可能性として検討する価値はある．図 1-4 で確認できるが，大まかに言って事業所と従業者数（雇用者＋被雇用者）でトップの南関東ブロックは全国の 28％ を占める．ここで，第 2 グループの 2 つの地域ブロックがシェアを分け合う，東海・中部ブロック，近畿ブロックで第 1 グループの約半分で約 14％ ずつが期待できる．そして第 3 グループでは，約 9％ の九州沖縄ブロックに比肩できる他の 2 つの単独ブロックはない．仮に地理的な近接性を考慮すれば中国と四国の両ブロック，北関東と北陸新潟の両ブロックを合算すれば，それぞれがおおよそ 9 から 10％ となる．これで第 3 グループは完結する．ところで先ほど確認したように，残されたグループとしては，北海道＋東北統合ブロックがそれに対応する．しかし，図 1-2 でみたように東北

ブロックは「他地域への流出」が高いので，このブロックが個別に持続可能性を探るよりも北海道ブロックとの結びつきをより強固にした経済圏を実現することで，「規模にチャンスが左右されなくなる」．当然の結果として生き残りのチャンスも拡大できる．

さらに別の可能性を探るとすれば，北海道ブロックと北陸ブロックは各々地理的特殊性を生かし，観光と農業，加工食材とのコラボでアグリツーリズムなどの新たな「6次産業化」を図れるから，今以上に自立のチャンスが約束される．そのためには，海外企業の積極的な誘致や新たな市場を狙い，「地域からのグローバル化」を東京依存ではなく，独自のルートで模索すべきだ．これは2つの地域ブロックだけに限定すべきではない．他の地域も多様なアプローチで各地の港や空港を活用してくるインバウンド客の勢いある行動パターンをじっくり参考にすべきだろう．時間価値が所得の増加関数であるとすれば，必ず飛行機や新幹線のネットワークを必要とするからだ．いまは「お荷物視」されている多くの地方空港の明日は非常に明るいと考えてよい．歴史を紐解けばわかるように，当初どこの地域でも軌道と駅舎は，騒音やばい煙に悩まされたためにお荷物視され市街地から離れて設置された．多様な輸送ターミナルは今再活用の機会を待っている．今のままでは，南関東ブロック，東海中部ブロック，近畿ブロック，九州沖縄ブロックと他のブロックとの格差はますます拡大するばかりである．南関東ブロックによる「一強体制」では，日本経済は早晩立ち行かなくなるだろう．大震災の発生などがもたらす甚大なリスクに対して，あまりにも無防備だといえるからだ．東京をはじめ首都圏への事業所と人口の過集積は，集積地の効率化を実現するとしても，それ以外の地域の非効率を助長することになる単なる「市場解」でしかない．過集積は局所的最適解ではあっても，大局的最適解であるという保証はない．気がかりなのは，東京を含む南関東の構成比率で従業者数が事業所数をかなり上まわっていることだ．大企業がとくに首都圏に集中集積していることを暗示している．過度の集中・集積の危険性は最近震災に見舞われた北海道の電力事故を想起するだけで十分だ．

一極集中や過集積の原因を探ってみよう．今までどの地方にも，特有の地域資源やこれまでに培った取引ネットワークが存在していた．例えば繊維の地方産地は，地元との関係を最優先し下請けや内職のネットワークを形成し，地元経済を牽引する機能も果たしてきた．それがアジアの繊維産地に市場の大半を奪われ，厳しいコスト削減を都会に立地する主要取引先から迫られた．そのため，一部の生き残りを例外に大半の事業所は清算や廃業の道を選択し産地はさびれ，地元経済も廃れていった．モノづくりのグローバル化は，生産活動の多くを工賃の安いアジア地域に移転させる．東京郊外でも，輸送機器の大工場閉鎖の噂に地元経済がおびえる．だから不安定な取引状況に放置される地方の事業所は将来を見据え熟慮を重ね，結果として消極的な戦略を採ろうとする．生産効率を上げる最新設備や高付加価値を約束する画期的な技術導入にも二の足を踏み，後継者も作らない．借財の山を作る前に「年老いた現社長限り」で会社の清算・廃業を選択する．全国津々浦々で事業承継が円滑に働かない構造が出来つつある．その結果，ともに地域経済の支えとなっていた下請けと内職のネットワークも消滅し，地域経済は衰退してゆく．この典型的なホールドアップ問題を回避するには，「下請け取引法」や「独占禁止法」をさらに強化して，事業者間の自由な競争と公正な取引をもっと円滑にする必要がある．と同時に高付加価値を約束する取引構造に早く転換する必要がある．日本の大半の産業に共通する少数が多数を支配する取引構造の欠陥に対する政府や企業の自覚が不足している．

　寂れ行く地方商店街にも同様の構図が見て取れる．早くに共働き戦略にかじを切った地方では，一部を除き「足代わりの電車」の軌道は邪魔だと廃止され，車移動は当たり前の環境ができあがった．だから平地の無料駐車場とワンストップ・ショッピングの大型店舗は共働きの若い世帯にとって救いの神だ．農業後継者もいなくて休耕地を転利用したい農家と，近くに計画道路も完成したこの機会にショッピングセンターを誘致したい自治体は手を結ぶ．正規，非正規を問わず新規の職場も約束されるし，税収も買い物の利便性も増すからと，どこの市町村でも安易に飛びつく．この状況を蚊帳の外で眺め

るしかない市街地の商店街は，地方経済のショーウインドとしての矜持をいつの間にか忘れ，市街地活性化にほとんど効果のない補助金にしがみつきながら，まちの顔としての魅力と雇用の機会を減じますます衰退してゆく．中小企業施策の実効性ある抜本的改正なくして，地方経済の再生はおぼつかない．

4．ビジネスのダイナミズム

　長期スパンで全産業を眺めると，事業所数も従業者数もなだらかな山を描いて減少を続けている．巷間指摘されている国内空洞化や低い開業率の呪縛だけではない．人口も企業も老化現象をきたしている．しかし一部の産業では企業の新陳代謝が激しい．グローバル競争を前提に産業の新陳代謝をはかると同時に人口減少がもたらす地域課題を発見し，迅速かつ適切にそれらを解決する政策を各地域が選択すればよい．問題は各地域が政策主体を公的部門に一任する愚からいつ脱却するかだ．市民を交え官民連携で地道な計画と実行を支える努力こそ重要だ．

　事業所に関する長期データで見ると，産業全体では事業所数は 1991 年，従業者数は 1996 年にピークを迎えた．構成比で大きな比重を占める製造業や卸・小売業は，事業所数でともに 1986 年にピーク，従業者数ではそれぞれ 1991 年，1996 年にピークを迎えた．また建設業も，事業所数も従業者数も 1996 年にピークを迎えた．他方，サービス業は時代のニーズに即応するように，多様な業態に枝分かれしながら，事業所数も従業者数も数値を更新中だ．各ブロックの事業所数の集中集積状況をみると，若干気がかりなことがある．1980 年代後半から日本では閉業率が開業率を上回ったままでいることだ．そして 2009 年から 12 年の期間で，開業率 1.4%，閉業率 6.1% となっている．この数値の開きからも容易に判断できるが，『経済センサス』の事業所数増減率で見ると，いま全国どの地域でも大半の産業で事業所が減少していること

20　第 I 部　地方創生物語

表 1-1　地域別産業別の事業所増減率

	農業、林業	漁業	鉱業、採石業、砂利採取業	建設業	製造業	電気・ガス・熱供給・水道業	情報通信業	運輸業、郵便業	卸売業、小売業	金融業、保険業	不動産業、物品賃貸業	学術研究、専門・技術サービス業	宿泊業、飲食サービス業	生活関連サービス業、娯楽業	教育、学習支援業	医療、福祉	複合サービス事業	サービス業（他に分類されないもの）	平均以下
全国	-0.07	-0.11	-0.15	-0.12	-0.02	-0.16	-0.13	-0.08	-0.14	-0.13	-0.09	-0.08	-0.11	-0.06	-0.06	0.01	-0.06	-0.06	
北海道			×			×			×	×					×	×			6
東北	×	×	×	×	×	×	×	×	×	×	×	×	×	×	×	×	×	×	17
北関東			×				×					×	×	×	×	×	×	×	9
南関東	×	×			×				×			×	×	×	×	×	×	×	10
北陸			×		×	×	×							×	×	×			7
中部東海			×		×	×	×							×			×		5
近畿	×		×	×		×											×	×	6
中国						×												×	2
四国	×		×		×									×			×	×	6
九州	×		×						×					×				×	5
平均以下	5	2	6	3	5	6	4	3	3	6	2	4	3	7	4	4	5	5	

（注）× は全国平均以上の減少率を表す
（出所）「経済センサスデータ 2009 年，2012 年」

がわかる．例外は人口の高齢化に伴って必要になってきている老人関連の福祉・医療の事業所だ．

　再び全国を 10 ブロックに分け，全国平均を下回る産業に注目してみる．まず表 1-1 でわかるように，大震災を経験してまだ復興の糸口がほとんど見えてこない東北ブロックが 18 業種中 17 業種で全国の水準以上に減少している．この地域ブロックは直接震災被害を受けた太平洋側 3 県よりも青森も含めて日本海側の 3 県での人口流出，経済水準の低迷化が顕著になっていることに注目すべきだ．東北ブロックが抱える特有の構造的課題に帰すこともできる．問題は，全国の事業所と従業者数で全国の 30％を占めるトップの経済ブロックである東京を含む南関東が 10 業種で全国平均以上に事業所数が減少していることだ．もちろん，このデータの中心は構成比で 99％を超える中小の事業所だから，中堅企業や大企業に企業成長してカウントされなくなった成功事例に入る事業所もデータ上，事業所減少の中に含まれはする．しかし，そのようなケースは，閉業率は開業率を上回って久しい昨今の日本では，例外中

の例外と考えてよい．また，北海道，中国などその他のブロックでは全国平均より高い減少率の産業が少ないが，それはすでに多くが淘汰されたため減少が止まったと見ることができる．

産業ごとに見ると，減少率の高いのは，電気・ガス等，鉱業等の他に，卸・小売りといった商業である．商業は確かに商店街の閉店による空き店舗の増加で凋落の一途をたどってはいる．コンビニの他に電子商取引に代表される無店舗販売を除き，百貨店，量販店，等で構成される各種商品小売業も苦戦している．衣料品等の買回り品を中心に「モノ消費」のウェイトが低下していることと関係が深い．しかし，オートメーション化が進んでいる輸送用機器メーカーや電子関連部品メーカーの工場以上にこれから対面販売のための人手を欲してくることが容易に予想される．地域に若い人口を引き付ける集客装置である大型店舗や娯楽施設も並置した郊外型のショッピングセンターの活用も雇用充足の側面からもう一度見直すべきだろう．

企業に限らず競争に彩られた経済のダイナミズムは，基本的に多産多死を前提とする．スタートアップ企業から，ベンチャーキャピタルの支援を経由し，やがて「死の谷」をどうにか潜り抜けて中堅企業，大企業，グローバル企業への成長過程を経る資格のある事業所は，天文学的な低さの成功確率の中を掻い潜ってきた強者ばかりである．スタートアップの支援，新興産業の弱小企業への支援もなく，守旧型の大企業優先の産業政策では，地方経済の活性化など望むべくもない．米国カリフォルニアのシリコンバレーや中国の深圳のダイナミックさを想像すれば十分だろう．ベンチャービジネスの死屍累々の中で生き残った一握りの成功者は多くの場合，成功で得た資産を「天国に持って行かない．子孫に美田を残すこともない」が信条だ．自分が見込んだスタートアップしたばかりで成功の見込みのありそうな起業家に惜しげもなく先行投資し，人脈を紹介し，必要とあれば自分のノウハウを伝授する．これが創業者利潤を手に入れた企業家が，自らの資産が「死に金」にならないようにするための鉄則であり，そのためには緊急時に自宅から30分で駆けつけることができる範囲内で起業する冒険者しか投資対象とはしないという

ケースが多い．ところが，シリコンバレーも経済原則を塗り替えることはできない．いろいろな賃料や目に見えないコストやしがらみ，不動産価格の高騰が，スタートアップを目指す血気盛んな若者をシリコンバレーから遠ざける兆しが見え出した．映画の街ハリウッドが辿った道を歩むように．

　だから東京など一部の都市にはその芽も出ているが，みながみなシリコンバレーのまねをしろというわけではない．それぞれの持つ地域資源を最大限活用した個性あるまちづくりに合わせて必要とされるビジネスを創り出し，あるいは呼び込むべきだ．これ迄日本の中央集権システムは，都道府県システムを前提に市町村を何段階かの階層で序列化し，標準化した都市システムを一律に作り，中央政府のコントロールが全国津々浦々まで浸透することを狙ってきた．情報，交通ネットワークの完備する中で，人も情報もいとも簡単に移動できる時代にもかかわらず，このコントロール方式が維持されることで永年のうちに個性のない，活力もそがれた，自立できない地方を生んできた．中央におんぶすることのコストと便益（交付金や補助金）を比較衡量して，地方も中央集権を甘受することの局所的な合理性を捨てきれなかった．その中で，中央からのコントロールを希薄化するパワーを持ち合わせた首都圏は，ビジネス業界を中心としていち早くその桎梏を抜け出し，グローバル都市間競争に打って出ようとしてきた．まさにこの気迫こそ，「失われた20年」の後半10年（2001年〜2010年）で，他の道府県を押しのけて県民総生産（GRP）の伸び率を際立たせた原因であった．前半の10年（1991年〜2000年）は，これと対照的だった．バブルの余熱が残っていた全地域の県民総生産（GRP）の伸び率は東京都を凌駕していた．東京都はこのピンチを逆にチャンスに転換する動きを，新自由主義を標榜した小泉政権の登場を待って開始した．近畿ブロックをはじめ他の地域はこの東京都の試みを「もって他山の石」とすべきだろう．近畿ブロックでも既に人材流出に悩みだしている．

　「人材は人材を引き付け，事業所がその希少な人材を求めて移動する」時代が到来している．この移動法則は国内的にもそうだが，国境をも超えて拡大しつつある．反対する政治的潮流があろうがなかろうが，グローバリゼーシ

第1章　あらすじから始まる地方創生　23

図 1-5　東京圏の従業者数推移

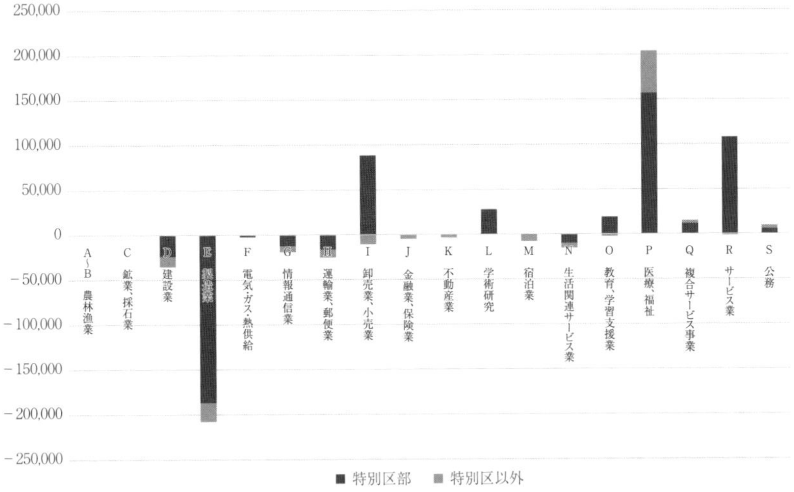

250,000
200,000
150,000
100,000
50,000
0
−50,000
−100,000
−150,000
−200,000
−250,000

A〜B 農林漁業　C 鉱業，採石業　D 建設業　E 製造業　F 電気，ガス，熱供給　G 情報通信業　H 運輸業，郵便業　I 卸売業，小売業　J 金融業，保険業　K 不動産業　L 学術研究　M 宿泊業　N 生活関連サービス業　O 教育，学習支援業　P 医療，福祉　Q 複合サービス事業　R サービス業　S 公務

■ 特別区部　■ 特別区以外

（データ出所）「東京都経済センサスデータ 2009 年，2014 年」

ョンは，一進一退を繰り返しながら，着実に進んでゆく．図 1-5 に見られる
ように，首都圏内部でそれは例外ではない．産業大分類での製造業は特別区
と多摩地域を含むそれ以外の地域でも従業者の大幅な減少が観察される．代
わりに国内ニーズがほとんどの医療福祉については大幅な増加となっている．
そして，卸小売業については 23 区で大幅増であるが，多摩地域を含むそれ以
外の地域では微減という状況にある．

　再び全国に目を転じる．「経済センサス」に統合されたスタート年である
2009 年と 2014 年の都道府県データを使って，産業大分類で見た産業の変化
と地域特性を表 1-2 でみてみよう．

　産業の変化は事業所数と就業者数の 2 か年の差分，地域的な偏在性は変動
係数を変形した高いハーシュマン・ハーフィンダール（HH）指数で表す．事
業所数，従業者数とも増加したのは教育・学習支援業と医療・福祉の 2 業種，
従業者数は減少し事業所数だけが増加したのは農林漁業，電気・ガス・熱供
給の 2 業種，事業所数は減少し従業者数だけが増加したのは学術研究，複合
サービス事業，サービス業の 3 業種である．建設業，製造業，情報通信業，

24　第 I 部　地方創生物語

表 1-2　事業所数と従業者数の推移と地域偏在の程度

平成 26 年-平成 21 年	事業所数		従業者数	
	増減	偏在	増減	偏在
A ～ B　農林漁業	＋		－ －	
C　鉱業, 採石業	－			
D　建設業	－ －		－ －	
E　製造業	－ －	地域偏在	－ －	
F　電気・ガス・熱供給	＋		－ －	
G　情報通信業	－ －	地域偏在	－ －	地域偏在
H　運輸業, 郵便業	－ －	地域偏在	－ －	
I　卸売業, 小売業	－ －		－ －	地域偏在
J　金融業, 保険業	－ －	地域偏在	－ －	地域偏在
K　不動産業	－ －	地域偏在	－ －	地域偏在
L　学術研究	－ －	地域偏在	＋	地域偏在
M　宿泊業	－ －	地域偏在		地域偏在
N　生活関連サービス業	－ －		－ －	
O　教育, 学習支援業	＋	地域偏在	＋ ＋	地域偏在
P　医療, 福祉	＋ ＋	地域偏在	＋ ＋	
Q　複合サービス事業	－		＋ ＋	
R　サービス業	－		＋ ＋	地域偏在

(注)　＋／－は 1 万未満の増減，＋＋／－－は 1 万以上の増減．「地域偏在」は事業所数，従業員
　　　数それぞれの HH 指数値がその全産業平均値よりも高い数値を示した産業．
(データ出所)「経済センサスデータ 2009 年，2014 年」

　運輸業，郵便業，卸小売業など 10 業種は事業所数も従業者数も減少してい
る．これは，人口減少時代の本格化で国内市場の拡大が望めない理由からの
海外直接投資積極化と，一段の寡占化の進行に伴って行われる事業所の整理
統合による．本社近辺への事業所の整理統合は，事業所数と従業者数の地域
偏在を加速し，地域経済を 2 極分化させる．気がかりなのは，市場の拡大が
着実に期待できる情報通信産業，まちの魅力づけに不可欠な不動産業，イン
バウンド（海外からの入込数）が期待できる観光事業，次代を担う世代を育て
る教育学習支援，高齢社会の諸問題を引き受ける医療・福祉などが，そろっ
て地域偏在の渦中にあることだ．その偏在先は人口の集中する都市地域であ

る．需要の多いところに産業は接近してゆくからだ．これは地域間にとてつもなく大きいアンバランスをもたらす．このアンバランスから来る事業リスクを回避しようと，多種多様な産業の事業所も「玉つき現象」を起こしながら特定大都市への一極集中の流れを加速化する．

5．地域経済再生の循環メカニズム

では地域経済再生は，首都圏のような人口集中が進む大都市を含むところでしか可能ではないのか．この疑問については，図1-6で示すように，都道府県データ（全産業）で事業所数，従業者数，労働生産性，付加価値額の地域経済再生を決定づける「4大要素」の連関性で検討できる．まず，事業所数の増加が従業者数の増加をもたらすという因果関係を設定することには何ら疑問はない．「人口は職を求めて移動する」というR・バーノンの仮説は普遍的に成り立つ．4大要素間の因果関係の強さを比較できる標準回帰係数を推計すると事業所数（職を供給）が従業者数（職を求め職が得られる人口）に対して0.72の高さになる．つぎに従業者数の増加が，人材の巻き込みや職場での情報交換や工夫や業務を通じて得られる学習を通じて労働生産性の向上につながってゆく．しかし標準回帰係数を推計すると，統計的有意性を維持

図1-6　再生を決定づける4大要素

（データ出所）「経済センサスデータ2004年」

26 第Ⅰ部 地方創生物語

しているが，0.27 の低さになる．大工場が地方に散在することから必ずしも
従業員規模が労働生産性を決定する主要要因ではない．労働生産性を高める
人材が特定の部署や特定の産業に結びついて偏在すること，人材が集まりや
すい産業とそうでない産業での生産性格差，従業員数の絞り込みで労働生産
性を高める戦略を選択した産業などの存在にこの推定値の低さの理由を求め
ることができる．労働生産性は競争的環境下で事業活動の要となる．労働生
産性は従業者の質（人材）に左右される．人材が特定地域に偏在するとすれ
ば，大都市の人材吸収力は高いといえる．また企業の持続可能性と成長を促
す付加価値の源泉でもある．労働生産性の付加価値額に対する標準化回帰係
数は 0.54 の高さの推定値になっている．付加価値は自由裁量の利くキャッシ
ュフローを用意してくれる．その使途先の一つが事業所数の増加を通じた企
業活動の拡大成長である．この連関の強さを標準化回帰係数の 0.69 という推
計値が示している．ところで日本の多くの産業は取引高などのシェア獲得を
競い合う方向に行きがちであるが，付加価値の高さで競い合うことがめった
にない．だからいわゆる過当競争がそこに発生する．この特殊日本的競争か
らの脱却が大きな課題である．

　さて都道府県データによる 4 大要素の産業全般的連関性が確認できたとこ
ろで，産業大分類 17 業種にブレークダウンして，従業者数と付加価値額との
間の連関性を弾性値の面から検討してみよう．弾性値にした理由は，この数
値は「無名数」であるから，業種ごとに製品やサービスを生産する場合の最
適な労働集約性が異なる産業間でも比較可能な議論ができるからだ．

　そのため，両対数回帰モデルによって 1% の従業者数の増加が，何% の付
加価値を上昇させるかがわかる弾性値の推定を行った．その結果，図 1-7 に
示されるように全産業で統計的有意な推定値が得られた．1% 以上の上昇を約
束する業種か否かが産業毎に確認される．図 1-7 でみるように，ほとんどの
産業が推定値で 1% 以上の効果を達成しているが，とくに，複合サービス業，
金融保険業，漁業の高さが注目に値する．逆に 1% にも満たない情報通信業，
宿泊飲食業については，従業員数が付加価値を直接上昇させる効果が相対的

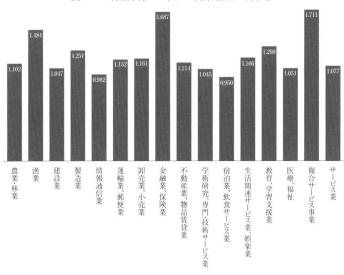

図 1-7 付加価値に対する従業者数の弾性値

（出所）「経済センサスデータ 2012 年」

に低いことがわかる．これは，従業者数における非正規労働者の高さとも関連している．人材は魅力的職場を求めて移動する．

情報通信業は思った以上に付加価値が低く出ているが，これは通信キャリアと端末販売業の付加価値の高さに関する「格差の二重構造」が関係している．またインバウンドも含めて観光の将来性が議論されている時代に，宿泊業飲食業の付加価値の低さも気になるが，その原因は必要以上に労働集約型であるためコスト抑制のため正規労働者比率が低いことと参入が比較的容易なことから厳しい競争があることに起因する．観光を主とする宿泊業飲食業についてどのような工夫が高い付加価値を達成する条件を作るのか．低付加価値性を克服するための一つの工夫は，種々のコンテンツの地産地消を前提にした 6 次産業化であろう．つまり後に詳述するように，1 次産業から始まって 2 次産業と 3 次産業まで産業の壁を越えた連携である．

6．連携の必要性

　地域経済の再生に向けて，産業連携から始まり，地域連携，あるいは産官学連携まで多種多様な連携による価値創造が期待されている．「個性磨かなければ将来なし」がこれからの地方にとっての鉄則である．地域の個性とは歴史であり，自然であり，社会であり，経済であり，政治である．だから，行政のみで創作したり，改変したりできる対象ではない．その意味では地域の個性は，NPOや農商工団体，ビジネス界など地域に存在する多様な目的意識で活動する団体や地域コミュニティが織りなすネットワークに支えられ，維持発展される存在（コモンズ）と考えるべきだ．とすれば，その複雑なネットワークを活用した連携によって，多様な活動主体の能力を相乗的に活用し，地域が抱える固有の課題を解決してゆくというローカルガバナンスの理念型が容易に描かれる．

　しかし，この理念型は無条件に実現することはない．そもそも実体化している活動主体ほど，自己の何たるか（アイデンティティ）を常に確認し，自己の目的を最優先し，自己の経営資源と能力を図り，環境への適応力を十分発揮することによって自己保存を図ることに成功している．地方自治体や企業城下町に君臨している企業や金融機関それから地域共同体（コミュニティ）はその代表例と言える．このアイデンティティは「いとも簡単に」連携を阻む狭量なローカリズムに転化する．自らトップとして君臨する秩序を破壊する存在として連携を警戒するからだ．また連携の必要性に十分な理解を示していない組織体ほど，自立的な活動が損なわれるくらいに周囲の環境が劣化しなければ連携に積極的に乗ってこようとはしない．環境劣化に対して自己回復力を過信する傾向は洋の東西を問わず否めない．

　平成の大合併を見送った東京西郊多摩地域の連携事例を紹介しよう．多摩地域の30市町村は，都心に近い一部地域を除き，「都心回帰」が進む現在，軒並み人口減の荒波にもまれつつある．1970年代初頭から2000年代前半ま

で謳歌してきた「郊外の時代」が，バブル崩壊で始まった都心地価の下落で終焉を迎えたからだ．都心地価の下落で，団塊ジュニア世代を代表とする共働き世帯は，子育てとキャリア形成の両立を前提に「より都心に近い，あるいは都心の住宅」を選択した．これは担税力を持った（あるいは期待される）若い住民が次第にいなくなることだから，住民税を財源とする自治体にとって死活問題だ．後述するようにすでにデータは 2015 年に「郊外時代終焉」を宣言した．多摩の自治体は，この段階になってようやく事の重大性に目覚め，持続可能性を求め積極的連携に向かって一歩進めた．

　都心回帰は 2002 年に廃止された首都圏と近畿圏を対象とした「工場等立地法」（1959 年制定）の縛りで，やむなく郊外移転を選択せざるを得なかった大都市圏の大学にも影響を与えている．都心の大学と郊外の大学では，学生の大学間交流でも，バイトの選択自由度でも優劣が歴然としているから，当然のごとく都心の大学を選択する．この劣勢に郊外地域の大学は生き残り策を講じる際の損益分岐点を何としてでも下げたい．また地元キャンパスと周辺地域の魅力を受験生に広く伝えたいという課題を抱える．

　多摩地域を例にとれば 12 万社と言われる大中小零細の企業群は，毎年多摩地域を卒業してゆく 10 万人単位の若者たちが喉から手が出るくらいに欲しい．単純計算しても 1 社に 1 人の新卒学生は無理な計算になる．地元企業にとって敷居の高い大学との接点をどう作ればよいのか．最先端かつ市場性のある新技術を知識の宝庫である大学の研究室と組んで開発したい．若者市場を開拓するために，マーケティング専門の研究室と調査したい．地元企業の近隣大学への思いは日に日に募る．

　このようなニーズを嗅ぎ取って，2001 年に後に公益社団法人となる産官学連携組織「学術・文化・産業ネットワーク多摩」を作った．この連携組織についての詳細は第 9 章で後述するが，自治体，大学，地元企業，地域金融機関といったそれぞれしっかりした組織体の連携で，地域の活性化を学生の主体的学習と結びつけ，活動を通して社会的基礎力や構想力，分析力，表現力，説得力を身に付けさせる．この学習は，人材づくりに大学単体ではなく，複

数の大学の教員やビジネスマン，行政職員が一体となって大学の壁を乗り越えて参加してくる学生の指導をする画期的な事例だ．まさしく「まちづくりは人づくり」を実践している．地域に深く関与するほど地域への愛着が増してくる．首都圏に含まれるが，地方的な特徴も併せ持つ多摩地域は，むしろ都心を構成する23区と対比で考えれば地域再生に苦慮する大半の地方にとっての普遍的諸課題から自由ではない．これらの課題を一つ一つ潰してゆくために連携を組んだといえる．あるいは連携なくして，多摩地域の地盤沈下は決定的なものとなるだろう．

人口減少時代がもたらす社会現象は，地方行政にも，企業にも，大学にもすべてを飲み込む荒波として襲って来ようとしている．この荒波に立ち向かうには，多様な活動主体の相乗効果が期待できる連携が不可欠だ．その連携の仕方は，霞が関が教えてくれるほど簡単なものではない．その地域ごとに最適な連携の仕方がある．ただしそれは，試行錯誤の連続の中から発見されるもの．10の地域には10の最適解が発見を待っている．

お わ り に

「人は職を求めて移動する」という大原則は昔から成立していた．ところが人口減少時代，情報の加速化時代は，若者世代の減少もあって「職場が人材を求めて移動する」という傾向を新たに創り出した．人と職場が相互の結びつきをますます強固にしている．それが地域偏在，つまり特定地域（多くが大都市）への人材集中となって現れる．情報化と交通網の充実で促進される事業所の整理統合もそれを加速化する．これが人と事業所の両面で過密過疎問題を引き起こす．

では地方には活路はないのかという問いに対して，その選択に足る最適解は地域の数だけある．地域発展の成功方程式は地域毎に異なった定式化をしなければならない．地域で活用できる資源は何か，最近隣の大市場はどこか，

競合する地域はどこか，といった具体的な検討から効果的な戦略作りが始まる．雪や山菜，農産物や神社仏閣などありとあらゆる地域資源やコンテンツを総動員し，そこにストーリーで味付けしたら，内外からの訪問者は確実に増える．ヨソモノを毛嫌いし，あきらめが支配する「場の空気」を読むのが一番楽な道だが，それは地域を確実に衰退させる．

　「一億総活躍社会」を標榜する安倍政権と2000年代前半の小泉政権とのスタンスはそれほど乖離してはいない．むしろ小泉政権下のプラスマイナスを経験したが故の賢さがこの政権に期待されているはずだから，全国の市区町村を巻き込む「総合戦略」策定を単なる片手間仕事としてとらえるのではなく，全国に自地域を売り出す格好のチャンス到来ととらえるべきだ．その点では一部で批判を呼んでいる「ふるさと納税制度」も，全国を対象にしたICTを駆使する「個性をPRする地域マーケティング」の一環として大いに活用すべきだ．東京圏でいえば，この制度で23区は確かに収入減に見舞われるが，それ以上に本社の集中による法人税の収入が他方で見込まれるのだからあまり目くじらを立てる必要はない．それよりも重要なのは，この地方応援制度は地方交付税交付金のような機械的な税配分制度よりも民意を反映していると断言できる．リスクも換算した（つまり，子どもの転校，新天地への通勤距離や雇用先の不確実性）移動費用は無視できないことから，移住という「足による投票」メカニズムは十分に働かない．納税者が期待を寄せる自治体に対して寄付と同時に自らが納税額の使途を明示できて自治のあり方を変える可能性もありもっと評価してよい．

　ビジョンから実施計画までの一気通貫のロジックを作り上げる人材も，そのロジックを具体的な形に仕上げ，成功に導く人材もともに必要だ．彼らは全員昨日の正解を否定する「出る杭」といえる．地域内外に存在する「出る杭」を発見し，「出る杭を打つ」のではなく育て応援する姿勢が地域に求められる．そのためにも，地域のたこつぼから這い出し，地域間連携，大学と連携するなかで，地域自身が未来志向のビジネスマシーンに変身すべき時代がもう到来している．

──コラム──

受け継ぐことの難しさ

プロイセンの梟雄フリードリッヒ大王とオーストリア・ハプスブルグの女帝マリア・テレジアとの間に「オーストリア継承戦争」の火ぶたが切って落とされたのは1740年．女帝の頑張りで辛うじて帝国の首皮一枚がつながった．しかし「神聖ローマ帝国が／余命保つぞ　摩訶不思議！」のざれ歌が，ゲーテの名作『ファウスト』に書かれたのは1775年．やがて，皇帝フランツ2世とロシア皇帝アレクサンドル，そしてフランス皇帝ナポレオンとの間で戦われた三帝会戦でフランツが敗れ，1254年から連綿と続いた神聖ローマ帝国は1806年ここに滅亡する．

◇承継の実態

国と同じく企業の盛衰も「承継」の成否が左右することが多かった．かつては百貨店と覇を競った大スーパー，総合商社や家電メーカーなど，創業家への遠慮からか破たんを免れなかった．企業数の99.7％，従業者数の7割，製造業で付加価値額の5割強を占めるなど，日本経済の土台を支える中小企業でも「承継」を巡って悲喜こもごものドラマが日々展開される．

1980年代には30-40歳代の自営業主が大半を占めていた．それから35年経過し，彼らは60歳後半から70歳前半の老齢期に差し掛かっている．体力も思考力も衰えを感じ，そろそろ次世代に事業を譲りたいと思っている中小企業者や廃業を視野に入れている零細事業者は多い．事業の将来性に不安，これといった後継者も見当たらないと回答する事業者は事業承継に消極的になる（中小企業庁の2013年調査では事業継承が円滑に進まない理由は，将来性不安が約56％，後継者難が23％）．こうして経営者の交代率の低下が経営者の高齢化を加速させる．

◇誰に継がせるか

事業承継が成功するため，後継者の育成には5年から10年の準備期間がいる．だから，事業者も60歳代をリミットとして承継についての準備が必要となる．しかし事業欲旺盛な50から60歳代には事業継承など視野にも入らないらしい．

事業承継は子供などの親族，内部昇格といった身近な場合と，外部引き

抜きや M&A などによる外部の力を借りる場合に分かれる．承継への準備
はもちろん内部の人材の活用なら準備は比較的容易だ．外部の場合には，
準備にそれほど時間をかけることはできない．外部登用は，経営力が確認
できることや事業について比較的通暁していることを前提に即戦力が期待
される．全く異分野からの M&A などでは，事業の承継と同時に技術等の
継承も必要になる．例えば，東海地域の前垂れ製造会社を買収した東京の
販売業社は，伝統技術の継承のため自社の従業員を現場に派遣した．

　事業主にとって，事業承継の細々した課題のクリアーは負荷がかかる．
とくにこれから多くなる外部の力を借りての事業承継には，人材のマッチ
ングや M&A などの可能性調査も含め，さまざまな支援が商工会・商工会
議所や中小企業支援センターに期待される．

　◇地域で産地を支える

　「人口は職を求めて移動する」のたとえ通り，どこの地域も事業所の増
減と人口の増減に振り回される状態が続いている．繊維などに代表される
中小企業は地方で産地を形成しているが，その産地の多くがだいぶ廃れて
きた．工場の海外移転などで取引が減退，下請けへの取引条件悪化が原因
だ．確かに下請け法を意識した取引ガイドラインが各業界で作成されてい
るが，実効性を考えるとまだまだの感がする．かつて繊維産地などで，細々
とした内職作業をご近所に意識的に委託し，家計の足しにという地域が多
かった．支援目的の公的補助金よりも，もっと大事な何かがそこにはあっ
た．近所を巻き込んだその「お裾分け」の分業体系が「承継」のバトンタ
ッチがうまくいかないことから崩壊しつつある．中小企業が経済の屋台骨
を支えると同様，地域経済が大都市経済を支えている事をもう一度銘記し
たい．

（細野）

第2章

ジェンダーギャップ固定化

細 野 助 博

は じ め に

　F. スコット・フィッツジェラルドの名作『グレート・ギャッツビー』の中のヒロインの有名なセリフを小川高義の名訳で紹介する．米国大恐慌前の「疾風怒濤時代」，彼女は経済的に何不自由ない生活を送ってはいるが，夫の愛には飢えていた．小説家志望のいとこに対して女の子が産まれたことを告げ，「女の子はバカがいいのよ．きれいなおバカさんが最高だわ.」（小川訳）と思わずつぶやいて彼女の置かれた現状を吐露する．

　この言葉は日本では現在も十分通用する．最近医学部の合格率の操作が私立医科大学で行われたことが明るみに出た．「それでは」と，文部科学省は全国の医学系大学・学部に対して調査をかけた．結果は，マスコミにたたかれた大学以上に男性の合格確率が女性よりも意図的に高い医学系教育機関が「相当数」にのぼった．女性が男性と同じように活躍するには，男性側の思い込み（統計的差別）を払しょくする必要がある．そのためには男性並みのチャンスを女性にも与えることだ．それが現状でできていないために，女性は職場に近いところに居住を決め，職階を求めて男性と競争し，かつ子育てとキャリア形成の両立に孤軍奮闘する．しかし，企業を中心に男性社会を支配す

る思い込みの厚い壁に阻まれ，リタイアへの道を選択することになる．この繰り返しが，「今迄の現実を良く見ろ」という統計的差別をさらに強化する．この累積過程の打破に向けて議論を深めることは，「まちづくり」を考える際には避けて通れない．まちは働くところであると同時に生活するところでもある．まちづくりの行政担当者が「生活」をうんぬんする場合に女性目線や彼女たちの行動パターンを無視することなどできないからだ．

1．ハードな選択

　人間は1日24時間をいろいろな営みの時間として切り分け生きている．たとえば食事や娯楽や睡眠の時間と，通勤や仕事やつきあいの時間，子育てや学習や運動の時間に大別できる．この時間配分は，個々の人間の性格やライフステージ，ライフスタイル，そして性別，土地柄にも依存して変わる．たとえば受験期の場合とそうでない場合，配偶者がいる場合といない場合，子育て世代とそうでない世代，核家族世帯と多世代同居世帯などなど．性別に関して言えば，男女間の学歴差は縮小してきているし，電化製品の普及などで家事時間の縮小もあり，女性が活躍できる場は大幅に拡大している．

　しかし，「男性に伍して働け．男女差別なく生産性に見合った賃金を払う．ただし人口問題を解決するために子供を作り，育てることを怠ってはならない」という短絡な檄を，無責任な政治家や上司たちが異口同音に発したとすると，「女は三界に家なし」と言われた時代に逆戻りしないだろうか．人口減少時代はまだ当分続く．今対策を講じても，減少40年，増加40年でようやく元の人口水準に戻るという通説まである．人口問題も考慮すれば，「一億総活躍社会」を唱える前に真の意味で彼女達の能力に見合った「女性活躍社会」をどう実現してゆくかを議論するほうが先だ．そこで時間と空間に焦点を合わせて，「どうすれば女性活躍社会が実現するか」を議論してゆく．

　あえて「女性活躍社会」にもっと世間の目を向けたい理由は，女性が抱え

第2章 ジェンダーギャップ固定化 37

るジレンマの解消なくして，人口減少時代を乗り切ることなど夢のまた夢だと思うからだ．では，女性の抱えるジレンマとは何か．それは女性が「仕事優先か子育て優先か」の選択を迫られることだ．かつて，米国オハイオの日系自動車工場で，恰幅の大変良い女性工員が一人で重いエンジン部分を持ち上げる姿を見て仰天したことを思い出す．日本では男性工員でも，クレーンを使って持ち上げる代物なのに．また，出産後産院から翌日には退院してくるたくましい欧米のご婦人もたくさん見た．現代社会はサービス経済全盛で，筋力や体力といった男女間の身体能力の差は問題ではなくなりつつある．むしろ女性が得意なスピーチや細かい文書作成などのデスクワークや「おもてなし」などの心細やかなサービスも仕事の成果に直結する時代だ．並大抵の男性では太刀打ちできない強みを女性が発揮できる時代が到来しつつある．

　しかし問題は，どんなに女性にとってチャンスが拡大されようが，あるいは技術革新が行われようが，種々な壁が立ちふさがる．家事や子育てといった家庭を中心とする作業と職場での仕事を通じてのキャリア形成が「24時間」という時間制約，そして「女性だから」という育てられ方や女性同士の相互牽制や謙り，「女性に教育は不要」という慣習的制約によって，男女間で避けられない格差を生んでしまう．医学部入試での女性へのハンディ付与など典型的な日本的慣習ともいえる．

　グローバル化と低成長経済の中で賃金上昇が抑えられ，共働きによるしか家計の維持ができなくなりつつある．特に今の若い世帯の女性が勤める理由は，経済的なものである嫁入り前の一時期のパラサイト・シングル（親に寄生して気ままに過ごす）に対するせめてもの罪滅ぼしであったり，「家計の足し」あるいは「自分の趣味費用の充当」をはかるといった気楽なものではない．高度経済成長期から続いてきた「専業主婦主流」時代とは全く異なった状況にある．今も専業主婦は憧れの対象であるが，男性の非正規労働比率の上昇でそんな「甲斐性のある」男性など稀有な存在になった．学生時代を経て培ったスキルを磨きに磨いて男性と互角に勝負したいという気概のある女性も増えている．結婚が最終ゴールではないのだ．それに子供も選択肢にな

い双方とも高収入のパワーカップルも出現し始めてもいる.

　真の意味で「男女共同参画」時代が意味するのは，性別に関係なく社会参画を奨励することだ．戯画化するとこうなる．肉体労働などは機械化によってどんどん少なくなっているのだから，男性も女性もジャンケンして勝った方が（あるいは負けた方が）妊娠し，職場から一時退却ということにすればよい．しかしこんなことはフィクションの世界でしかないし，できもしない．女性しか妊娠しないし，分娩しない．分娩直後からのある一定期間は育児につきっきりにならざるを得ない．自然科学者が唯一認める社会科学の法則は「比較優位説」だという．仕事でも子育てでも女性が能力に関して絶対的優位性をもっているとしても（男性の大半は認めないだろうが）比較優位説に立てば，女性は子育てに専念かそれに重点を移し，男性は仕事に専念かそれに重点を移すということに落ち着く．「比較優位説」に基づく男女の区別を是認した上で，男性の家事や育児への参加で何とか折り合いをつけることが必要だ．だからと言って男女差別を推奨するつもりはないが，現実的な解を見い出すために男女の区別は常に念頭に置いて議論を重ねることが必要だ．

　現在確かに，育休という制度が多くの企業や組織で採られつつある．しかし，トップランナーとして走り続けていた女性にとって，育休はそのレースからの脱落を意味し，男性にはないハンディが課せられる．「仕事を優先させるか，それとも子育てを優先するか」のジレンマが，ようやく仕事にも脂がのりだした女性を悩ますことになる．圧倒的多数の女性にとって，育児休暇制度の利用は職階上昇への制約になる．だから女性の育休制度取得率は2007年にピークを迎えた後80％台を低めに推移するしかなかった．「男性以上の長時間労働」が仕事へのやる気や組織への忠誠度の重要なシグナルと，所属する組織は判断するからだ．それが結婚生活や子育てと両立できなくなると，女性は生活を犠牲にして職階上昇を取るか，家庭生活の安寧を取るかの「究極の選択」をせざるを得なくなる．それが嫌なら，実家の両親に子供の面倒を見てもらうか，女性の全収入に近い金額をかけて保育施設やベビーシッターを「時間買い」するしかない．そのいずれも選択できない女性の場合は，

時間とともに同期の男性との間で職階の差が出始め，それに伴って賃金にも
開きが出てくる．この積み重ねの中で仕事への満足感が低下し，仕事よりも
家事・育児の優先度を上げる選択を余儀なくされる．こうして，多くの働く
女性は日本型年功序列賃金制度の恩恵を受ける前に職場を去るか，職場と家
庭の両立ができずどっちつかずのまま昇進が拒絶される不幸が続いてしまう．
男性と女性の賃金差がこうして生まれてくる．

　ちなみに，1988年，同92年，2002年，同12年の4期の都道府県データ
で，ダミー変数（gender　男性＝1，女性＝0とする）と1988，1992，2002，
2012の4年間の都道府県平均給与（average各年）を説明変数にして，男性の
賃金を被説明変数として回帰分析にかけた場合，ダミー変数の回帰変数推定
値が比較可能となる．推定結果を表2-1に示したが，興味深いのは，2002年
までは推定値が上昇傾向にあったが，2012年には1988年と1992年の推定値
の中間にまで下落している．女子の高学歴化と非婚化とともに，結婚しても
退職する必要のない職場環境が整いつつあることがわかる．しかし，男女差
を示唆するダミー変数の回帰推定のt値から確認できるが，このダミー変数
推定値の統計的有意性が依然高い結果に注意すべきだろう．本来ならば男女
の能力が同水準ならば経済的報酬も同水準であることが合理性をもつはずだ．
なぜ，いつまでたってもダミー変数が統計的有意性を維持し続けるのだろう

表2-1　都道府県の男女賃金差の推移

モデル	1988年			1992年		
	（定数）	gender	average 1988	（定数）	gender	average 1992
回帰係数推定値	−25740.312	171282.000	0.728	−29733.925	198323.106	0.736
t値	−1.897	55.430	16.518	−1.784	54.669	15.768
モデル	2002年			2012年		
	（定数）	gender	average 2002	（定数）	gender	average 2012
回帰係数推定値	−29014.628	201939.213	0.741	−35955.663	177526.957	0.800
t値	−1.438	52.466	13.071	−2.088	50.692	14.985

（データ出所）『民力1989-2015』データベース，朝日新聞出版

かが問われる．20 から 24 歳までの水準に男女の差は殆どない．しかし，年齢階級別の賃金カーブでみると男女間格差は目に見えて拡大して行く．そのピークは 50 から 54 歳の年齢階級である．日本の場合職階による手当等給与差が大きいと思うが，限られた職階を巡って男性との競争（これは公正な競争と断じて言えない，コンペではなく，トラックも差別され，ルールも差別される「できレース」といってよい）にも厳しい状況が生まれる．そもそもその厳しい競争から「脱落しやすい」と一般に思われているためか，自己抑制か相互牽制が必要以上に働いて「か弱い，遠慮しがちな」ために女性が参加を呼び掛けられる機会が余り多くないことも原因の一つといえる．

2．統計的差別で賃金差が固定化

　男性に比較して女性は職階を巡る競争に参加する機会が少ないために賃金カーブが男女差で違ってくることがデータ分析によって確認できた．では女性が男性に比較してこの競争から脱落するのは何故なのだろうか．これについて，もう少し議論を重ねてみよう．女性は自発的にこの競争から脱落するわけではない．子育てとキャリア形成のトレードオフに女性が遭遇していても，男女含めて職場の雰囲気は一向に改まらない．理由は自分では子育てをほとんど経験してこなかった大半の男性上司が「家庭内分業」を是として，なかなか働く女性の苦労を十分には理解しようとしないからだ．その上，子育ての選択を親の協力やお金で解決できる女性や，あるいは子育てや結婚を経験しない女性にもそれほど積極的な後押しをしてもらえるわけでもない．対面型の会議方式を含めて臨機応変なチームプレイが仕事の大半を占める職場では，同僚である男性や女性に余分な仕事を押しつけるといったしわ寄せが生じることが多い．女性が有能であればあるほど，自分の欠落がどのような影響を与えるかを予想し，職場を優先し妊娠を延期したり断念したりということになる．仕事の計画が狂ってくるとかが予想されるとなると，「自分勝

図 2-1 都心回帰は距離の三角形の縮小

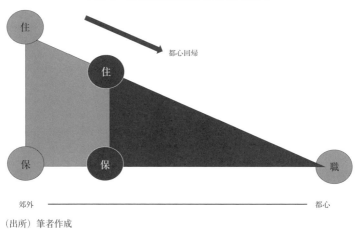

(出所) 筆者作成

手はできない」という思いが強くなる.

こうして,「無言の圧力」や「自己抑制への期待」をもつ職場風土が, 女性の仕事と子育ての両立を阻んでしまう. これでは, 総人口1億人維持と「女性活躍社会」の実現は, 夢のまた夢になってしまうのは自明の理だ. 労働経済学者の鶴光太郎は,「職場, 自宅, 保育園の距離の三角形をいかに小さくできるか」といった「時間制約」緩和が鍵になるという. 首都圏や大都市では, 共働きの若い夫婦を中心に「都心回帰」が一般化しつつある. しかし, いまだ柔軟な働き方を認めようとしない日本の職場風土の中で女性の自己防衛が着実に進んできつつあることも確かだ. 図 2-1 で表現できるように若い世代の都心回帰は鶴氏のいう「距離の三角形」の縮小である. シェアオフィスやインターネットを活用した「サテライト労働」や「テレワーク」が普及するとしても, それが未来の働き方の主流になるとは思えない. だからいま必要なのは, 男女とも「育休」や「ワークシェアリング」を活用した若い夫婦の家事協力体制の普及と積極的後押しである. 家計防衛のため 70 年代米国で始まった共働き世帯の一般化が, ようやく 30 年のタイムラグを経て 2000 年頃から日本で本格化してきた.

さらに，3歳未満の子女を持つ家庭への保育園などの公的サービス支出が女性のフルタイム就業に，育児期間延長よりも効果があるという OECD の調査結果もある．子供が1歳になるまでに育休制度を選択し，「フルタイム」の戦列を離れると生涯所得が2, 3割低下するという調査もある．女性が子育てしながら，あるいは仕事に専念するにしても頑張って「フルタイム」の仕事を切れ目なく続けることの困難さは並大抵ではない．しかし自己実現の意欲旺盛な女性ほど「後には引けない」という強迫観念に取りつかれる場合がある．ルイス・キャロルの『鏡の世界』で，赤の女王が「そこにとどまりたかったら，一生懸命走りなさい」と命令するように，猛スピードの下りエスカレータに女性は乗って上の階をめざしていると自覚しているからだ．経済協力開発機構（OECD）は2016年6月に，加盟国の雇用情勢をまとめて公表した．それによれば日本の25〜54歳の女性の就業率は72.7%で，前年から0.9ポイント上昇したとある．加盟34カ国の中で23位だから，日本はまだ低位国と言える．いつまでたってもなくならない「女性の社会参加のM字曲線」がそれを端的に示している．まず日本には，男性にはない総合職と一般職の「コース制」がある．総合職は男性に伍して，あるいは男性以上に長時間働き，成果を上げるために頑張り，職階を昇って行こうとするコースだ．一般職は，後方支援などの事務をもっぱらにして，それほど自己啓発も求められない上に，残業も極力セーブされ，直属上司から「寿退社」を勧奨されるコースだ．これと同様のケースは国家公務員などでも見受けられる．入社や入省と同時に社内昇進トラックが区別され，途中で変更することが極めて困難な硬直的な制度と言ってよい．この「コース制」は男女の伝統的役割分業を推奨する社会的慣習と学歴別採用に対応している．それを過去の体験から上書きされる「統計的差別」が強化する．これは組織が自己防衛するために編み出したものといって良い．男女間の職場での「統計的差別」とは，男性より女性の方が退職するリスクが高い，女性は出産や子育てを仕事に優先させる傾向が強いという経験則に基づいて男女間の賃金や出世速度にはじめから差をつけることだ．筆者は教え子も含めて，総合職をめざす女性を多く見てきたが，

残念ながらこの経験則は当てはまる例が圧倒的に多い．彼女たちの頑張りは，男性以上である場合が多いが途中で息切れする．あるいは自信をなくし自己抑制するか，相互牽制し合う．しかし，「男女の士気低下リスク差」が「統計的差別」を生むのか，その逆なのか検証する必要がある．経験や観測を通じて双方で因果連鎖が強化される状況が浮かび上がる．まず差別の状況を昇進のチャンスで見ると，女性は男性よりも出世スピードが明らかに遅く設定される．社会学者山口一男の調査では，男性正社員が遅くとも10年目に到達するポストを女性正社員は定年までかかるという．「うーん，筆記試験も面接も女性の方が上なんだが……．でも経験も踏まえた総合的な観点からは男女半々，あるいは男性に多少下駄履かせるか」という会話が社員の昇進を議論する役員間を飛び交う．再三話題にする私立医科大学の女性受験者への入試操作とどこが違うのだろうか．この積み重ねが「憶測のリスクを本物のリスク」に変える予言の自己実現のメカニズムを働かせてきた．結婚・出産・育児を彼女たちの職場は，ある種の「リスク」ととらえる．たしかに，個々の企業や組織にとっては若い女性の雇い入れはリスクだろう．しかしこの種の思い込みが，人材開発の対象になる女性の確率を男性より低くする．このチャンスを女性は自らも強く要求することをはばかる．そして人材開発の投資が女性に回りにくくなり，自己啓発などのチャンスはその分低くなる．こうして徐々に男女間で普遍的なスキルの獲得に格差が生まれてくる．この過程で，男性に伍して頑張ろうとする彼女たちのやる気を低下させる．だから，外資系はいざ知らず，「純国産あるいは半外資系」企業は，軒並み「管理職に必要な知識や経験，判断力」が男性並みの女性は少ないという理由のもとに，昇進に男女差をつけ，その決定を正当化してきた．この状況に抗うように，女性は出世に関わるハンディを除去しようと非婚化を選択したり，出産を遅らせたりする．こうして，社会全体として出生率が低下し，将来人口の高齢化の加速というリスクを日本全体で抱え込み，国内市場の狭隘化と投資意欲の減退で経済成長やデフレ経済脱却への足枷ができてしまった．この組織の上司の思い込みと，頑張りぬくことの意味を自問し煩悶し，やがて帰属意識も

士気も低下せざるを得ない女性たちの姿が統計的差別の源泉であり続ける限り，日本における男女別の賃金プロファイルも変わりはしないし，時の政権が唱導する「女性活躍社会」は政治的チープトークであり，画餅でしかない．

おわりに

　日本は経済先進国の中では「賃金報酬と生産性が無相関に近い」特異な報酬システムになっている．経済学の標準テキストに書かれている通り，一般的にいって生産性と賃金報酬は「おおむねプラスの相関」が合理的なはずだ．ところが日本では賃金プロファイルをライフステージで考えれば，20代は賃金が生産性を上回る．30代から40代は賃金を生産性が上回る．子供の教育費が最大になる50代頃から賃金が生産性を上回ってくる．だから，勤続年数の長い方が生涯所得で計算すれば有利になり，その分労働者の流動性も低くならざるを得ない．この賃金「後払い方式」と「コース制」が絡まって，二重の意味で男女賃金差別を拡大してきた．職場はチームワークが重要だから，どちらかというと調整能力など帰属する組織固有スキルが重視される．「清濁併せ呑む」芸当は，男女でどちらが得意かは明白だ．仲間うち主義が，組織をとんでもない方向に引きずり込む事例が組織の大小を問わず見られる．女性をその中に一人でも組み込むことで，意見の違い，考え方の違いなどで多様性が生まれ「グループ思考の悪弊」を打破する役割が期待される．いわゆる「組織の多様性（ダイバーシティ）」を組み込むメリットだ．しかし女性特有の出世速度の遅さが発言の機会と重みを大幅に減少させる．日本の組織は不要な会議に時間を取られる現状を打破して，もっと教育・研修と関係する普遍的スキルを重視する合理的システムに生まれ変わる必要がある．総労働時間の削減だけで解決される問題ではない．個々の組織の自主性に任せてもらちが明かない．もっと女性に管理職に登用されるチャンスを与える「クオータ制」も国として法令化すべきかもしれない．共同体思考に支配された日

本的職場慣行の非合理性にもっと気づかなければ，女性も含めて人材はより合理的雇用形態とその運営を是とする外資系などに流れてゆく．日本を代表するいくつかの大企業や中央官庁の不始末が報道され，もはや大組織ブランドに無条件で若者の心がなびいてゆく時代は終わりつつある．

　これからはワークライフバランスを考え，男女間での弾力的な役割分担の必要性を家庭や教育機関，職場研修で訴えてゆく必要がある．『グレート・ギャッツビー』でヒロインがため息をつきながらつぶやくセリフに心を動かされない男性が多い国に将来はない．その警告の一つとして少子化がある．この警告は，政治家や企業幹部だけに向けられたものではない．労組も，男性にも，そして何よりも女性にも当然向けられている．教訓的に言えば，「チャンスは自分でもぎ取るべきもの．決して男性任せにしてはならない」のだ．

──コラム──

最も高く，最も厚いガラスの天井

　「嫌われ者同士の大統領選」という前代未聞のレースは，大方の予想を覆すものだった．後味の悪さ，戸惑い，異議申し立ての類はアル・ゴアとW・ブッシュとの大統領の椅子を巡る戦いよりも大きかった．輝かしい大都市とうらぶれた地方の戦い，金持ちと貧乏人の戦い，高学歴者と低学歴者の戦い，マイノリティと白人の戦い，ホワイトカラーとブルーカラーの戦い，そして何よりも女性と男性の戦い．わかり合えない，憎悪のぶつけ合い，初の黒人大統領を迎えるときの「米国流理想主義」のにおいもかけらもそこには残っていなかった．初の女性大統領を米国民として受け入れるには，ジェンダーのガラスの天井は，高くそして厚かった．

　◇明治維新の理想主義

　明治維新から4年も経っていない皇居で，賢夫人として名高かった美子皇后から「ガラスの壁を打ち破ってね」ではなく「明治の御代にふさわしい女性教育者になってね」と期待された5人の少女は，その3日後の1871年11月12日，1年10カ月に及ぶ欧米視察を目的とした岩倉使節団とと

もに蒸気船アメリカ号で横浜港の岸壁を離れて洋上の人となった．米国大陸に上陸した女子5人のうち，病気などで2人は志半ばで帰国するが，山川捨松，永井繁，津田うめの3人は森有礼（日本の教育制度の生みの親）の東奔西走で，まず捨松と繁はイェール大学（ビルとヒラリーが共に学んだロースクール）のあるニューヘイブンで，知識人家庭で語学と欧米流の生活指導を受けることになる．そこには捨松の兄でイェール大学に通うのちの東京帝国大学総長山川健次郎と，アナポリス海軍兵学校に留学中でのちの繁の夫となる瓜生外吉がいた．彼は帰国後日露戦争で英雄の一人となる．年端のいかないうめだけは，首都ワシントン近郊ジョージタウンに一人預けられるが，預かり先で過保護すぎるくらいの厚遇を受ける．時々様子伺いに来訪する捨松，繁を待ちながら，開校したばかりの女学校で英語の習得に精進し，トップの成績で卒業する．そして捨松は「科学と文明の世紀に，中世のような人生を歩みたくない．」と，ヒラリーの母校ウェルズリーと張り合う，3大名門女子大の最古参バッサーカレッジに進む．続いて繁もバッサーの音楽学校に入り卒業と同時に音楽教育の指導者になるべく，そして最愛の瓜生に嫁ぐことを夢見て一足先に日本に帰る．バッサーで飛び切り優秀な捨松は，学生団体の会長に推挙されたりして在校生の羨望の的に．卒業式には「日英の不平等条約」について冷静沈着なスピーチをし，帰国後「鹿鳴館の貴婦人」となる片鱗を見せた．天真爛漫で利発なうめはジョージタウン社交界の常連になったが，名門女子高卒業と同時に「将来に対する不安を胸に」捨松と10年余り留守にしていた日本に帰国する．

◇ガラスの天井，いつか誰かが

帰国した直後，彼女たちを待っていたのは，文化の壁と男子留学生たちとの「雲泥の差」とも言える待遇だった．日本語がおぼつかない彼女たちは，せめてもと考えた教師という職に就くことも絶望的だった．学士号を持つ唯一の日本女性としての誇りを傷つけられ鬱屈した日々を過ごす捨松．その彼女に来た縁談は，40歳で3人の娘がいて，さらに故郷の宿敵薩摩出身の大山陸軍卿からのものだった．有能な捨松には，日本をリードする職業婦人ではなく華族社会で自らの才能を生かして活躍する道しかなかった．おそらく彼女は，既に幸せな家庭を築いていた繁や人生模索中のうめ

にもその迷いを打ち明けただろう．やがて捨松は日本の悲願である不平等条約改正に向けて「鹿鳴館外交」で期待通りに活躍するチャンスをものにする．一人残されたうめは職業婦人として生きることを決意する．「華族女学校」教師を経て，もっと学力をつけようとブリンマーカレッジに再留学した後，女子英学塾（のちの津田塾大学）設立に向けて邁進する．ところで，うめの望んだ理想的女性像は，彼女自身ではなく，なんとすでに「良妻賢母」の評判高い捨松であり繁であった．

　日本では女性の社会参加が一般的になっても未だに「女性は家庭に入り，子供を産み育てるもの．学問は二の次」という意見が底流にある．一億総活躍社会を目指す国も，レディーファーストの国も，まだまだガラスの厚い天井を本気で破る機会を持てないでいる．

（細野）

第3章

地域経済と人口ダイナミクス

細 野 助 博

は じ め に

　地方創成会議の「自治体の半分が消滅する可能性が高い」という半分脅かしのような提言を受けて，各市町村は内閣府の音頭取りで「まちづくりビジョン」をとりまとめることになった．実質上，お上からの指導だから相変わらず時間と予算制約に縛られた効率性と全国一律を旨とする公平性で判断される中央集権的画一的な政策スキームの域を突破できない．大半の市町村も「この政策で生き返る」と思っていないし，期待もしていない．それはいくつかの市に依頼されて「地方創生戦略会議」などの名称で招集される会議に出席して実際に感じるところだ．ただこの流れで補助金がいただけるという期待だけが市町村に蔓延する．企画立案した霞ヶ関もそのことは当然のごとく予想済みだから地域の現状は全く変わらない．グローバルな競争に打ち勝ち，財政破綻をなんとか切り抜け将来につなげるには，地方の復権が必須の条件となる．富士山のてっぺんは広大な裾野が支える．グローバル競争の真っ直中にある首都東京でさえ，地方の復権なくしてグローバルシティとしての確固たる地位は覚束なくなる．人材の供給元が衰退したら，自らの活力も萎えてしまう可能性が大きいからだ．

50　第Ⅰ部　地方創生物語

内閣府が管掌する「まち・ひと・しごと創生本部」が主催する RESAS（地域経済分析システム）を使ったデータによるまちづくり戦略策定の手伝いに地方に出向くことが多くなった．根拠のない思い込みに一喜一憂する地方に対して，リップサービスでも脅かしでもなく，自らの地域に関係するデータや他の地域のデータとの地道な比較を通じて理解しその上で熟度の高い議論してもらう方が，現状を判断し，将来を考えるためには有効だからである．

1. 古すぎる対立図式

ここでは地方創成会議の議論を補正すると同時に，日本の再生を中央ではなく，地方から実現するための処方箋を提示する．「東京一極集中けしからん，抑制すべきだ」という荒っぽい議論に，東京都が真っ向から勝負を挑んだという話は一向に聞こえてこない．東京都はグローバル都市としての地位を維持するために，ヒト・モノ・カネの集中が今以上に必要だとどうして言わないのか．少子高齢化の中でこのまま推移すれば早晩，東京一極集中は雲散霧消し国力衰退に直結するとどうして反論しないのか．そしてまた「23区内に大学の新増設はまかりならぬ」という閣議決定がなされ，実際に規制が強化された．この決定は愚の骨頂としか言いようがないが，文部科学省も東京都も毅然とそして正式に反論を試みたという形跡はない．特に東京都に関していえば「反論する値打ちもない」と言うのなら都知事の通り一遍の反論ではなく，また都として無視するのではなく，その対案を中央政府に堂々と示せばよい．都独自のビジョンを示せなければ，この地球上にライバルが確実に増えてゆく現状では，2020年以降更に激しさが増すグローバルな都市間競争を到底勝ち抜いてはいけない．東京に政・官・財・学の4つの業界が集積していることの優位性は，パリやロンドンと覇を競うことが十分できる証左である．その優位性に気づき大いに活用しなければ，着実に国力の低下を加速させることは自明である．国と東京都の責任はそれほど重大なのだ．

喧伝される「東京一極集中対衰退する地方」といった皮相な対立図式では
何ら展望が開けはしない．東京都心部であろうと人口5〜10万の市街地であ
ろうと，それよりも人口の少ない中山間地域であろうとそれぞれの論理に従
って地域固有で多様な活動が営まれている．その多様性を前提に，百の地域
にはお互いに影響しあう百通りの連立方程式があり，それぞれの求める最適
（に近い）解があることを指摘したい．これまでの単純均一な方程式大歓迎の
「霞が関方式」が続く限り多様性無視の全国主要都市の「ミニ東京づくり」に
加担するだけだ．

だから地方も霞が関に頼らず，東京も大半の地域とは「違って当たり前」
の誇りを見せるべきだ．地方は独自の成長図式を模索すればよい．地方が同
じ次元で東京をとらえようとすると，「一極集中けしからん，制限せよ」とい
う視野狭窄の提言や要望となる．その愚を質せないどころかその間違った図
式を強化しようとする永田町や霞が関の劣化に警鐘を鳴らすことも必要だ．
グローバルな都市間競争に勝つために他の地域は，東京と競争するのではな
く，ヒト（これは人材という意味で）もモノもカネも情報も地方から東京に自
発的に供給する余裕が必要だ．と同時に，それぞれの地域は独自の路線を固
めるために固有の地域資源の活用を全面に出し，産業間の連携を進め「ホー
ムメイドのまちづくり」に専念すればよい．国際的交通網が発達した現在，
結果的に東京を介さずとも内外の交流人口を増やせるし，国内市場もグロー
バルマーケットも開拓できる．こうして経済基盤を強化することで若者が生
活する基盤ができれば，地方の人口増に確実につながる．例えば高付加価値
のツーリズムを六次産業の観点から検討してみることも必要だ．2017年の仏
国ボルドーの年間宿泊数は4,900万人にのぼる．その経済効果を想像して欲
しい．日本の観光政策の志と目標の低さにあきれかえるしかない．

2. 人材をプールする3つの条件

　視点を変えて，比較的長期のデータで「失われた20年」の地域経済と人口の関係を図3-1で検討してみる．都道府県別域内総生産額の増加率を1990-1999年（失われた前半10年），2000-2009年（失われた後半10年），2010-2014年（リーマンショックからの回復期）で比較する．失われた前半10年はまだバブルの余熱が残っていたのか，全都道府県が総生産増加率はプラスだった．ところが，失われた後半10年では埼玉，東京，三重，滋賀，和歌山，山口，徳島，福岡，沖縄の9都県だけがプラスを記録しただけで大半の道府県でマイナスになった．特筆すべきは東京都で，前半の10年よりも後半の10年の増加率の方が高くなっていることだ．途中で東京をはじめ全国がリーマンショックに襲われたが2010-2014年はその回復期にあたっているから，全国の数値はプラスに転じている．自明であるが，これは地方経済の構造を改善する変化があったことを意味しない．リーマンショックは当初予想された以上

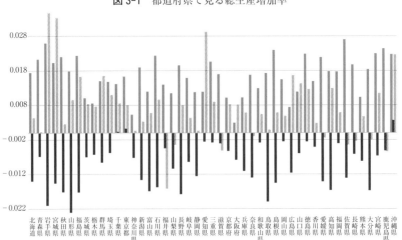

図 3-1　都道府県で見る総生産増加率

（出所）RESASデータより作成

の傷を各地の経済に与えたことを意味する．ともあれ失われた後半10年に再び注目すれば，東京都が特別なのは生産年齢の比較的若い移動力のある人口を東京が惹きつけ，成長意欲の高い事業所が，その人口（これを質的側面を強調して「人材」と呼ぶ）を求めて立地，あるいは移転してきたことだ．人材もまた進学や就職を期に，事業所が供給する新たなチャンスを求めて上京する．人材と事業所がうまく集積する累積的メカニズムがうまく働いてきた．2000年から後半の10年間の域内総生産額の増加率と都道府県別の人口増加率の関係を見ると，10%の総生産額の増加は約3%の人口増加率を派生させる傾向があるとの推計もある．

　ともかく東京は産業構造の転換を進め，域内総生産額を伸ばして人口増加につなげてきた．地域ごとの経済成長が事業所に雇用増加を約束し，人口の社会移動に伴うリスクや不確実性を着実に低下させる．地域経済の成長が「人材」のプールを容易にする．

　ところで，「人材をプール」するには人材が量的に限られた空間に集中すること，多様で水準の高い人材同士が種々の壁や障害を越えて間髪を容れず相互に融合すること，さらには多様な連携を支える人や情報が地域を越えたネットワークを形成することが必須条件となる．これら3つの条件が有機的に結びつくことによって創造的革新の下地ができる．高質の多様な才能の集中はある水準（閾値）に達すると，進化を伴う累積効果を次々に生む．結果としてそこに規模の経済性が生まれる．さらにコミュニケーションによってお互いの理解が進み，破断リスクを緩和するネットワークが形成される．こうして十分に確保された情報は融合し合いながら構造化し自己組織化を繰り返して知識ストックに変化する．競争と協力が噛みあいながら多様な差異を作り出すことで「量が質に転化する」．多様な才能が集中しコラボすることで，新しいアイデアやビジネスチャンスが意図せず突発的に生まれる可能性が高くなる．

　異質な才能のぶつかり合いや融合によって創造力が生まれる．学問の学際的な創造性あるいは産業を超えた連携など，新たな隙間から様々なアイデア

やチャンスが生まれる．量子力学はエレクトロニクスの可能性を生み，それが今日の ICT 社会を生み出した．量子コンピュータの登場は新たなデータサイエンスを生み，現実社会のあり様を一歩進めるだろう．多様な才能の集中集積のメリットは地域の創造性と進化を約束する．

　輸送手段の発達や ICT 技術の発達で，移動コストや情報獲得コストが大幅に低下しているが，「逆説的意味」で人材の集中が加速化している．瞬時を争う対面型コミュニケーションが重視されるからだ．そこに「事業所の集積がまた新たな集積を生む」，あるいは「事業所の撤退がまた新たな撤退を生む」累積的現象が生まれる．この累積現象の成否は，技術や経験，ノウハウを持った「人材のプール」が相当程度確保されるかどうかで大半が決まる．「人材のプール」をささえるのが，大学や研究機関の集積である．大学はその意味では立派な立地産業なのだ．シリコンバレーに見るように全国トップテン大学から始まり，地域の短大，専門学校まで含めた多種多様な教育機関の存在と集積とそのネットワーク化が地域活性化にモノを言う．

　しかし，事業所数と人材の「十分な集中」は，個々の地域の特性に対応している．地方はこれまでのように，いたずらに量的拡大を求め「ミニ東京化」する愚をおかしてはならない．地域自身に「器に合わせて盛る」賢さが必要なのだ．そのためには，「特区制度」を活用して国の縛りから自由なまちづくりを工夫することも期待される．大学には立地産業であると同時に時空を超えて，知識と人材（の卵）を供給する力と意思が働く．典型例は，シリコンバレーに君臨するスタンフォード大学だろう．ニューヨーク，ボストン，シカゴなどの大都市圏ほどの人口規模ではないが，シリコンバレーを擁するカリフォルニア州の人口は 2000 年までの 10 年間で 400 万人増えた．これは中西部のウィスコンシン州（人口 570 万人）が 10 年でカリフォルニア州の中に一個できた計算になる．国を問わず，人材は職と未来の夢を求めて世界中を移動する．

　さて，人材のプールがもっとも必要とされる事例の代表として，ローカルな資源を高付加価値のものに革新する場合である．例えば「攻める農業」を

具体化した六次産業化は1次産業，2次産業，3次産業が1×2×3＝6の表記で議論される場合が多い．これは3種類の産業の有機的繋がりを意味する．例えば北海道・東北は農業生産高が全国平均の3倍ある．もしも市場への距離のハンディを克服する手段として加工に目をつけ地域の資源を100％活かした食品製造業を考えた場合，単純に計算した場合には食品製造業も全国平均の3倍の潜在的キャパシティをもつ．しかし，北海道・東北地域の食品製造業の現実の生産高は残念ながら全国平均でしかない．生産高と出荷高との間に相当大きなギャップがある．これらの地域では農業のポテンシャルをうまく活かせていないのだ．同様に，近隣地域のマーケットに人口の厚みがないことから一次産品をそのままでは高付加価値化できない地域では，地場の連携が十分でないためにチャンスを失う．一般的には輸送費に端的に現れる地域と大都市との距離のハンディを克服し付加価値を高めるためには，一次産品とその保存と加工を主とする食品製造業とのネットワーク化とコラボレーションが絶対に必要なのだ．一次産品の集荷と食品加工業の集積があいまって高付加価値化の前提条件が揃う．

　地域ブロック別に集積の高い産業を列挙すると，情報通信業，金融・保険，不動産・物品賃貸，学術研究・専門技術サービスなどの都市型ビジネスとなる．これらは東京都などの人口も集中する大都市を含む特定地域ブロックに集中し，相互の連携は密である．広く拡散して価値が急降下する前の「情報」が勝敗を決すると言ってよい．あるいは逃げ足が速いマーケットが多いので，ビジネスチャンスの拡散速度が距離に反比例するとすれば，これらの産業にとって特定地域に集積することが必要になる．だからこれらは構成比で見ると小さい上に競争が厳しい「知的労働集約型」の典型的な産業である．そして何よりも競争を勝ち抜くためには「人材のプールと相互調達」が大前提となる．だから，都市型ビジネスはこぞって大学の集積した大都市をめざす．その上，情報装置系インフラを活用することも必要だからどうしても限られた大都市への立地志向が強くならざるを得ない．こうして立地場所は偏在してしまう．

56 第Ⅰ部 地方創生物語

表3-1 市区町村人口規模別人口伸び率と地域特性の相関係数

住基台帳人口伸び率2012	全国データ	人口2万人未満	人口5万人未満	人口10万人未満	人口30万人未満	人口30万人以上
転出入率	.641**	.532**	.673**	.781**	.739**	.836**
一人当たり課税対象所得額	.503**	.342**	.492**	.549**	.522**	.350**
事業所数（公務を除く）	.210**	.228**	0.074	0.079	.269**	0.159
従業者数（公務を除く）	.215**	.300**	.125*	.220**	.355**	0.191

（出所）RESASデータより推計 （注）網かけ部分は各変数の相関係数最大値を表す.

どこの地域ブロックでも，製造業や卸小売業などは従業者数構成比が高いが，これらの二大産業成長率は軒並みマイナス成長だ．これら製造業の一部事業所は生き残るためと海外展開を積極化してきた．あるいは，郊外型モールの成長にも陰りが見え始めている．商店街の空き店舗も埋まらない．それに非正規労働の比率も高い．だから若者は卸小売業を敬遠し「人材のプール」もままならない．後継者不足で全国各地の商店街もシャッター街から再生できないままになっている．

ここで地域経済と人口伸び率との関係を見る為に，表3-1のように全国の市区町村を人口規模で5グループに分け相関係数を推計した．押し並べてどこも人口の自然成長率が低いことから，転出入率で示される社会的移動が人口変動を左右することが相関係数の他との比較で確認できる．それも，都市の規模が大きくなるほど，自然増減より社会増減の割合が高まる傾向をもつことから転出入率の相関係数が高くなることがわかる．

さらに事業所の付加価値や労働生産性と関係する一人当たり課税所得と人口の伸び率との相関係数は，人口規模5万から30万人の地方核都市や中堅都市それに大都市の郊外で高い．また，事業所や従業者数では，10万から30万の人口を擁する都市の場合に相関が高く出る．30万以上の都市の場合には，一人当たりの経済力が上昇しても，生活費や地価・家賃といった居住コストが近隣地域への移住を促進する傾向があるから相関係数が若干低く出ると思

第3章 地域経済と人口ダイナミクス 57

われる.

　さらに，地域を統合して「ある程度の自立圏」で見た時に，付加価値と地域特性との関連性の強さを表3-2の相関係数で比較してみよう.「人口の伸び」と付加価値との関連性は，中部東海地方が最も高く，次いで関東地方，そして中国・四国地方となり，他の地域は統計的有意性をもたなかった．上記地域では，地域経済が活性化することで労働市場が拡大するなどの要因で人口が動くことを意味している．つぎに「県民所得」と付加価値との関連性では，どの地域も関連性があることが示されるが，最も高い数値を記録したのが，新潟北陸地方である．また関東，中部東海，近畿といった大都市圏を含む地域では，「勤務地と居住地」がちがうケースが多々ある．これは，大規模交通網や居住コストの面からも多いことから，数値は低く出る傾向があるからだ．都市規模を示す「人口」と付加価値との関連性では，関東地方を除いて高い統計的有意性がある．勤務地と居住地が完全に分離する傾向がある都心を含め23区などの事業所はたとえ高い付加価値を生むとしても，通勤者が通ってくる場合が多く，そこに多くの人口が居住しているわけではない．首都圏と他の地域との間で通勤時間の平均を比較すれば一目瞭然である．これについては第Ⅱ部で詳述する．さて，「労働生産性」と付加価値との関連性で統計的有意性が見られない地域が中部東海地域を含めて3地域もあること

表3-2　地域社会経済変数と付加価値額との相関係数

統合地域ブロック	人口の伸び（対数	県民所得対数2013	人口対数2012	労働生産性（千円/人：2012)	企業数対数（社：2012)	従業者数対数2012
北海道東北	0.447	.952**	.974**	0.419	.842*	.847*
関東	.782*	.770*	0.652	.989**	.918**	.935**
新潟北陸	−0.458	.988*	.993**	−0.616	.953*	0.910
中部東海	.977**	.915*	.900*	0.594	.823*	.871*
近畿	0.459	.883*	.881*	.958**	.858*	.833*
中国四国	.760*	.947**	.959**	.795*	.812**	.849**
九州沖縄	0.391	.972**	.953**	.872**	.736*	.781*

（出所）（注）ともに表3-1に同じ

は興味深い．農業従事者の高齢化や製造業の労働節約型の機械化・自動化とも関連するのだろうか．「企業数」と付加価値との関連性はすべての地域で統計的有意性がある．労働力のプールも含めて多種多様な企業の集積が生み出す円滑な情報流通や効率的な物流が可能となることのプラス効果が付加価値を高めるように作用すると思われる．高い付加価値が新しいサービスを要求し，その新しいサービスがビジネスとして成立し，という新規事業を追加させる循環がそこに生まれる．「従業者」と付加価値との関連性は新潟北陸地域で統計的優位性が認められなかった．付加価値が上昇することで雇用力を増強する可能性は高いが，労働生産性との議論で述べたように労働集約型か資本集約型か企業や産業の選択の違いにも推計結果は左右されるからと思われる．

　ところで，必ずしも川上，川中，川下の垂直的取引きや第1次，第2次，第3次の3つの産業の一気通貫だけではなく，高付加価値の実現のために産業間の多様な繋がりが情報ネットワークを介して実現することがもっと重要だ．水平的な産業集積をライバル同士の競争激化という一面だけでとらえる愚は修正すべきだろう．そこには人材の集積と流動という「人材のプール」から可能となるプラスの外部性と，多種多様で垂直的な産業集積による価値創造の連鎖が巧妙な取引きの編み目を作り出す．

　市区町村ごとの産業多様性を従業員数と企業数に着目する．各産業へのそれぞれの張り付き具合を「変動係数（標準偏差／平均）」と「業種数」を使って計算したハーシュマン・ハーフィンダール指数の逆数で「多様性指数」を定義する．また主成分分析によって得られた市区町村ごとの転出入人口の比率の合成変数から「人口の流動性」を定義する．大都市程，流入人口も流出人口も多くなる．したがって，2つの人口から主成分分析を用いて合成変数を作り，「人口の流動性」とした．図3-2のように2009年と2012年とも従業者数の多様性が企業数の多様性（特化係数と反比例する）よりも人口の流動性に対する相関が高く出る．多種多様な雇用機会が多種多様な業種の存在よりも人材の流動性に関連している状況が推測される．つまり多種多様な「人材

図 3-2 市区町村レベルで見る人口の流動性と2つの多様性との相関

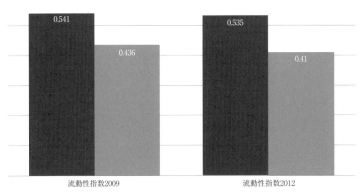

(出所) RESAS データより計算

のプール」と「流動化」がさらに吸引力をもって人材を呼び，それが事業所の立地を促進する累積現象が推定される．ただ「産業クラスター」で示されるように，取引や情報共有，人的資源の融通などの複数業種の間の構造的結びつきがそこに必要となることにも留意すべきだろう．例えば，福祉医療が農水産業，商店街，情報通信業，輸送業そして学校や自治体とネットワーク化すれば，サービス水準と付加価値の向上が約束される．各産業の強みを生かした効果的な組み合わせの実現こそ，シュンペーターの言う「イノベーション」である．しかしそれだけではイノベーションは十分な形で出現して来ないことを指摘したい．産業革命の代名詞ともいえる蒸気機関の生みの親の一人ジェームス・ワットのようなイノベーターと呼ばれる人材の間隔を作らずに次から次へと輩出する環境が必要なのだ．汎用コンピュータを開発させたトーマス・ワトソン，PC 用のソフトウエア MS-DOS を開発したビル・ゲイツ，フェイスブックで SNS を世界的にしたマーク・ザッカーバーグ，そして通販で世界を席巻する Amazon のジェフ・ベゾスは皆イノベーターである．彼らは例外的な存在ではあるが，いつの時代にも現れる．彼らの類いまれな「アニマル・スピリット」があってこそイノベーションが花開く．そして彼ら

の後には志半ばで敗れ去った莫大な数のイノベーターがそれこそ河原に山と積まれた石のように「失われた時」を刻んでいることも確かだ．

　また孤軍奮闘するイノベーターのみでは本当の意味でのイノベーションは開花しない．先ほど指摘したシリコンバレーのように，多種多様な専門知識をもったヒトの集積，あるいはファイナンスなどの専門家や人材を目利きできる多種多様な人材の集積やカネの集積も必要不可欠だからだ．英国の毛織職工の家に生まれ，水夫や水兵として海外を見聞し，フランスなどの宗教学校で学び，やがて「政治算術」を編み出したウイリアム・ペティが述べているように，分業し合い協力し合う多種多様な人材が，環境を整えた特定の地域に自発的に寄り集まってくることで，イノベーションは進化し加速化する．前に述べたように彼はスイスの時計産業を例にとってそれを分かりやすく説明した．そのような特定地域を「地域自身が形成」してゆくことがこれから重要になってくる．地域や自治体の中で国策に頼った移植で成功した例がどれだけあるか．地域にイノベーションを引き起こすことを期待する自治体は，多種多様な試みの組み合わせに対して従来の規制や政策が壁になったときに，どう突破しどう支援すべきかその仕組みを準備しておかなければならない．支援のネットワークを根幹から支える ICT は，「人材」をめぐる様々なハンディを時空の制約から解放してくれる．

　それにつけても，地域ブロック別に産業構成比を比較するだけで，全国の地域経済構造の多様性の乏しさを改めて痛感する．どこの県庁所在地の JR 駅舎を見ても，幹線道路沿いのショッピングセンターを見ても，道路を走る車を見てもちっとも個性が感じられない．一枚一枚のスナップ写真から容易に「場所を特定化」できる個性ある地域が，日本でどれだけ残っているだろうか．地域資源という宝物の存在を日常性の中に埋没させ，一向に「ミニ東京」化を改めようとしない姿がそこにある．

おわりに

「もう人口が減少しているのだから，地方都市は再生できない」という諦め
ムードと無為無策が最も危険だ．そう思うのではなく，どうすれば人口を増
やせるかあるいはどう人口減少をマイルドにできるかを大中小のまちや地域
が自力で分析し，課題を発見しその対策を考えるべきだ．現に人口を増やす
算段をあれこれ試し，成功してきた自治体もある．中央集権による「金太郎
飴型地域政策」では，隣接する地域は「お互いライバル，連携や協力は不要」
となりやすい．それとは真逆の地方分権型システムを構築するには，地域間
の「戦略的な互恵関係」が必要不可欠だ．近接地域が「自分と同じ」なら，
自治体同士の連携などほとんど不可能だ．不毛な競争やいがみ合いだけが残
る．地域間でお互いの違いや個性（強みと弱み）を認め合う関係から「互恵
に基づく連携」が生まれる．そのためには，個々の地域がコト（物語性を含
む）やモノで構成される地域資源で「他と違う」個性を，声高に主張しなけ
れば連携の相手として認められない．多様な個性を持った地域として生き残
り，連携するためにどうするか．いくつかの処方箋を述べてみたい．まず，
「日常性に根ざした当たり前」の意識を捨てなければならない．地域資源が
日々与えてくれる恩恵を当たり前として埋没させる愚かさを，よそ者の感動
が正してくれる．よそ者の代表が大学（の教師や学生）かもしれない．「地域
は教材の宝庫」という認識が一般化し，大学の協力は得やすくなった．大学
は立地場所に関係なく，知の蓄積と人的資源を「いつでもどこでも」投入で
きる態勢にある．次に「試行錯誤や間違い」に寛容でなければならない．前
例を無視しがちな若者やよそ者が持つ興味や彼らがしでかす失敗にこそ，重
要なヒントがたくさん隠されている．むやみに排斥しては地域の明日はない．
シリコンバレーの成功は失敗に対するオープンさにある．間違うことへのチャ
ンスをたくさん提供するところに人材は集中する．最後に日本のいたる所
の地域や組織に見られる「タコ壺の視野狭窄」を打破しなければならない．

新奇性が非日常性の豊かさや重要性を教えてくれる．地域の明日に必要なものは地元に根ざした誇りと愛着，そして前例をあえて無視する若者とよそ者の意識と体力と根気だ．

──コラム──

人間と科学技術の新しいつき合い方

　先日近くのシネコンに映画を観に行った．久しぶりに入ってびっくりした．チケット売り場がなくなって，すべて発券機のみ．店員がごっそりいなくなっていた．なんとなく殺風景だ．それだけ人件費が経営の足枷になっているのか．ケインズの有名なエッセイ『わが孫たちの経済的可能性』の中で「我々は新しい病気に苦しめられている．……その病名とは「技術的失業」である」という興味深い指摘をしている．100年もすれば経済問題など解決されるという彼の予言は当たらなかったが，技術的失業という予言はどうだろうか．

　◇ケインズの予言，ムーアの予言

　平成26年版『労働経済の分析』（厚生労働省）によると，平成12年から22年にかけて製造業全体で232万人の就業者数の減少がみられたという．海外生産の進展と，職場でのPCやICT普及が原因だと説明する．産業全般でも，事務従事者，生産工程労務者，販売従事者などで大幅な減少がみられる．これはケインズの予言が当たっているということか．他方で，管理職や専門職，それに社会的立場の弱い「非正規労働者」の数が，社会のICT化の進展で着実に増加しているという．労働の二極化が進展している証拠かもしれない．

　黎明期のコンピュータ業界では，機械を操作するオペレータ，カード穿孔するキーパンチャー，それにCOBOL,FORTRANなどの人工言語で升目を埋めるプログラマー，計算機のもつ性能を限界まで引き出そうとシステム全体を統括するシステムエンジニアなど一つの業務に多くの職種の人が関わっていた．温度管理と微妙な風を送り込む空調設備が完備したコンピュータ専用ルームに鎮座まします大型コンピュータ（メインフレームと

言った）は，特殊な訓練を受けた人だけしか使えない，用途も限定的なとても高価な「計算する」だけの機械だった．

それが今ではインターネットに繋がった PC を，組織内の上下を問わず，デスクや電車の中で，老若男女を問わず誰もが当たり前のようにいろいろな用途で使っている．オペレータ，キーパンチャー，それに単純作業をこなすだけのプログラマーといった職種の大半は，メインフレーム集中管理時代からダウンサイジング分散処理時代への移行とともに姿を消していった．シネコンのチケット売り場の店員たちのように．

「10 年の期限付きだが，集積回路の演算能力は 1 年で倍になる」とインテルの G・ムーアが予言した控えめな法則は，他のデジタル技術にも当てはまることになる．1 年という単位が 1 年 8 カ月に微妙に修正されたが，40 年経った今でも彼の法則は生き残っている．「スマホ」に限らず，これからも，ますます誰にとっても使い勝手の良い安価なデジタル機器が登場してくるだろう．

◇チューリング・テストが判定する「人間」とは

高齢化社会の進展で，高齢者が加害者となる交通事故が増大し，介護の現場は人手が不足し悲鳴を上げている．ムーアの法則がこの現状を救ってくれそうな気もする．それは AI（人工知能）を搭載した自動運転車，介護ロボットの普及だ．ムーアの法則にのっとった ICT の技術進歩からすれば，近未来に「人間の判断能力を凌駕する AI」が実現する可能性は高い．しかし，これを手放しで歓迎してよいのだろうか．

第 2 次世界大戦時ドイツの誇る暗号機械「エニグマ」は，英国の天才数学者アラン・チューリングの天才的ひらめきと並外れた努力で無力と化した．彼をテーマにした映画『イミテーション．ゲーム』は，同性愛に対する偏狭な倫理観の前に，天才の成し遂げた偉大な貢献も無力だった．その事実を哀愁たっぷりに描いている優れた映画だ．「人間と同じくらい，あるいはそれ以上の会話能力」を機械は実現できるだろうかという「チューリング・テスト」の会話は映画の中でもハッピーエンドか悲劇的結末かを分ける重要なワンシーンだ．

優れた学習アルゴリズムを内蔵した AI は，チェスなどゲームでは人間を負かした．人間が思わず恋をする才色兼備の介護ロボットだってもう夢

ではない．確かにその延長線上に，オルダス・ハクスリーが描いた AI が人間たちの主人となる『すばらしい新世界』が到来しないとも限らない。

しかしコンピュータの歴史が物語るように，新しい科学技術が新しい職業を生み，社会を豊かなものにしてきた歴史も他方で忘れるべきではない．要は人間と機械の間で必要なのは賢いつき合い方なのだ．

（細野）

第Ⅱ部
東京二都物語

第4章

郊外時代の終焉

細 野 助 博

は じ め に

　時代は過去を消しながら進む．高度成長時代は日本を農村型社会から工業型社会に変えた．二度の石油ショックはそれをサービス型社会に変えた．農村型社会の退場は大量の余剰人員を農村地域から都市地域に吐きだした．東京近辺に年間30万人規模の若者が地方から吸い寄せられた．経済が好調になればなる程，人手不足とインフレが進行した．インフレは地価に連動する．高い地価は住民を周辺部に追い出す．こうして東京圏をはじめ大都市圏の郊外化が一気に始まった．しかしやがて訪れた成長の鈍化と，バブル崩壊後社会に吹き荒れたリストラ旋風で，企業は資産を吐きだし，家計防衛のため家庭から主婦も職場へ直行する時代がやって来た．女性の社会参加は米国から約30年遅れての時代到来である．遅れることはその国々の事情だからしかたないが，重要なのは来るべき社会を早目に準備することだ．そのためには先進事例から真摯に学ぶ姿勢が必要である．ご多分にもれず，女性の社会参加は離婚率の増加をもたらした．女性の自立が関係する．しかし日本の行政は，女性の自立と子育ての両立に対する欧米の知見を必ずしも参考にできていない．女性の自立は個人の決定に依存するが育児体制の整備は公的部門の政策

決定に委ねられるからだ．その最終責任は政治にあるのだが，この政策決定に対する本気度が中途半端なために，抜本的解決にままならないで足踏みしている．そのために社会参加する女性が対策として考えたのが，住・育・職の距離の三角形の短縮化である．ここから郊外時代の終焉が始まった．バブル崩壊後の失われた20年を経て，郊外化時代は終焉し，都心時代へと切り替わりつつある．この時代的転換は東京圏でこそ顕著なのだ．その理由の一端をこれから探ってみよう．

1．二つの力のせめぎ合い

　地域は開放系である．ヒト・モノ・カネ・情報などが自由に移動を重ねる．空間が持つ魅力は引力となってこれらを引き付ける．空間がもつ障害や短所は斥力となってこれらを外部に押し出す．とくに地価の変動は引力にも斥力にもなる．他の財サービスよりも相対的に割高になれば，都心に集中しようとする人口に斥力として働く．より大きな家屋や庭が欲しい家庭は，合理的計算の上で地価の高い都心を避けて地価が相対的に低い地域に居住を定める．

　これまで郊外は都心に比較して地価が相対的低く，開発されたばかりの分譲・賃貸双方の集合住宅や一戸建てで比較的若い世帯の「新しいライフスタイル」を支えた．都心勤務の夫とそれを家庭で支え，子育てに励む専業主婦の典型的な「性別分業システム」を前提に住宅を中心とした郊外が成り立っていた．

　しかしバブル崩壊後の経済低迷は，職場を不安定にし，賃金の低下をもたらし，企業の持つ遊休遺産の売却を促し都心の地価の大幅な下落を引き起こした．これは「性別分業システム」も崩壊させ，彼女達に閉鎖的な労働市場を抉じ開けさせるきっかけにもなった．今まで前提としてきたライフスタイルに対応する経済水準の維持と将来リスクを考慮すれば，結婚を決意した女性にとって専業主婦は現実的選択から外れる．しかし共働きを選択するにし

ても，家事・育児に夫の支援を多く望むことはできない．子育てを男性にも許容する働き方を職場自体が十分用意できていないからだ．女性が労働市場に参加する時代の到来で，稼得能力が向上した彼女達の時間価値（機会費用に相当する）は急激に上昇する．それは通勤や子育てなどの時間を節約する誘因を作り出す．つまり選択される場所は都心に遠い郊外ではなく「より勤務地に近い居住地」，「保育児の受け入れ態勢がより整った住宅地」である．時間節約で獲得できる機会費用の低下分とより都心に近い（あるいはより職場に近い）居住にかかる追加的な費用（つまり，家賃や土地家屋資産の価格）とが天秤にかけられる．

　機会費用の低下分以上の居住費用の増加分は共働きの家庭であれば，夫婦それぞれの収入の合算で対応がとれる．つまり郊外に居住することの費用節約を補って余りある機会費用（あるいは時間）の節約を都心居住で手にすることができる．こうして，郊外の大部分を占める市部の共働きの人口が都心部へ移動する「都心回帰」のきっかけができる．そして，戦後一貫して斥力として働いて来た都心部地価はバブル崩壊後大幅に下落し，都心への逆方向への引力として作用し都心に近い地域への人口移動を決定づけた．19世紀の人口学者ラベンシュタインの「移住法則」にあるように，大部分は「いまよりは都心に近い，しかし移動は近距離」のせいぜい5駅くらい都心寄りへの移住となる．近距離の移住は所得と同時に今までのコミュニティとの繋がりの継続を強く意識したものだ．特に，子育ての最中母親にはまだ関連情報摂取が必要となる．どこの小児科医がおすすめか，どこのピアノの先生の教え方がうまいか，どこの小学校に良い先生が居るかなどは近隣でなければわからない．近隣の情報なら，今までのつき合いの範囲で何とか間に合う．しかし遠くへの転居では，必要情報をゼロから集める必要がある．子育てと仕事の両立を維持するために居住先と移住先の距離の近さも選択の一大要因になる．

　東京都内の人口移動は，大部分が都心と郊外の社会移動と考えてよい．一部は神奈川県や埼玉県に移動するが，「移住の法則」が示唆する様に都内での

移動が多い. 図 4-1 に見られるように,平成 16,7 年を境にして完全に郊外時代は終わり,都心の時代に移ったと言える. 平成 21,2 年頃に社会移動が若干低下したのは,リーマンショックの影響である. 世の中にストックされ流通していた貨幣供給量が急激に落ち込み,それ迄旺盛だった不動産開発事業が頓挫したからだ. お台場なども含めて都心を中心に高層マンションの開発スピードに急ブレーキが踏まれた. 不動産業者の大量清算,倒産が日本でも発生した. 政策当局の過度な楽観的姿勢も災いした. リーマンショックからの回復を受けて再び都心への人口移動が開始された. 多摩地域でも比較的都心に近い地域の市や,急行や特急の停車する駅に隣接するところに再開発型の大規模集合住宅が建設されるようになった. 短期的には八王子,立川,府中など一部の市では人口が増えることはあるが,転出数との大小で見ると多摩地域の市部の人口は減少傾向に入ったと言ってよい. これから,区部都市部との人口の推移を 1980 年,2010 年,2030 年という 30 年間隔で人口の推移を検討してみよう.

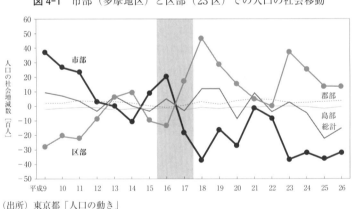

図 4-1　市部（多摩地区）と区部（23 区）での人口の社会移動

（出所）東京都「人口の動き」

2．二地域の人口の推移

　人口の長期的な変化をとらえるためには，結婚による家族分離などの「世代交代」を意識して30年の期間で見る必要がある．区部23区と多摩地域30市町村を対象にそれぞれの自治体ごとの人口の変化を実績値と予測値を用い

表 4-1　区部（23 区）の人口変動

区　名	総人口(人) 1980	区　名	総人口(人) 2010	区　名	総人口(人) 2040
千代田区	54801	千代田区	47115	千代田区	54738
中央区	82700	中央区	122760	中央区	159119
台東区	186048	台東区	175931	台東区	179393
荒川区	198126	荒川区	203294	渋谷区	218780
港区	201257	渋谷区	204494	荒川区	228186
文京区	202351	港区	205131	文京区	233360
墨田区	232796	文京区	206627	港区	251695
渋谷区	247035	墨田区	247603	墨田区	283695
目黒区	273791	目黒区	268329	目黒区	295587
豊島区	288626	豊島区	284678	北区	330839
新宿区	343928	中野区	314748	豊島区	332165
中野区	345733	新宿区	326308	中野区	349450
品川区	346247	北区	335543	葛飾区	392592
江東区	362270	品川区	365301	新宿区	414443
北区	387458	葛飾区	442583	品川区	414596
葛飾区	420187	江東区	460815	江東区	543609
江戸川区	495231	板橋区	535823	杉並区	557824
板橋区	498266	杉並区	549566	板橋区	558869
杉並区	542449	江戸川区	678966	足立区	584536
練馬区	564156	足立区	683429	江戸川区	707796
足立区	619961	大田区	693370	大田区	749480
大田区	661147	練馬区	716124	練馬区	813434
世田谷区	797292	世田谷区	877135	世田谷区	1016925

（出所）RESAS データにより計算

72　第Ⅱ部　東京二都物語

て検討する．各地域が「人口増加」と「人口減少」のいずれのグループに入るのか，そしてその理由は何かを探る．

　まず表 4-1 で 23 区の人口変動を見ると 1980 年から 2010 年という「郊外の時代」から「都心の時代」への切り替えの中で 23 区中人口が増加したのは15 区，逆に減少したのが 8 区である．また増加した 15 区のうち着実に順位を伸ばした区が 8 つある．都心であっても比較的手ごろな価格帯の高層マンションの建設が進んだところや地下鉄の開通などで交通の利便性が格段に向上したところ，都心に近いが比較的地価の安いところに人口が流れたと言える．この傾向は人口の「都心回帰」を追い風にしてそのまま次の 2010 年から2040 年まで続くとみてよい．したがって 23 区は足立区・葛飾区・北区の北東 3 区を例外として，常住人口数は増加し続けることが予想される．

　その理由としてはすでに第 3 章で検討したように，夫婦共働き世帯が一般化していること，有業女性の情報収集能力，家庭内発言力と最終決定権が専業主婦よりも経済力を背景に格段と上昇傾向にあることの他に，少子化と学歴社会の相乗的な作用による教育環境も考慮した居住地選択が行われているからだ．

　他方，表 4-2 で多摩地域の市町村の人口変動を見ると，1980 年から 2010年にかけて人口減となったのは，2 町村で，残りの 28 市町は人口増となっている．郊外時代から都心時代への 5 年経過しての変化だが，東京への人口流入がまだ継続中であることから郊外へもその余波が及んでいる．順位が上昇したところは 8 地区である．しかし，順位を落としたところが 9 地区もあり順位は合計で 17 地区で変動した．「郊外の時代」から「都心の時代」への入れ替えの期間にもあたるからだ．大規模な変動要因はバブルのころの宅地造成と 2000 年の多摩都市モノレールの開通位である．確かに都市へ向かう電車の総便数や特急，急行の便数も増え都心へのアクセス条件は近年格段に向上した．しかし，2010 年から 2040 年ではかなり高確率で多摩地域の人口は減少することが予想される．例外的に，稲城・東村山・三鷹の 3 市が増加するが，残りは軒並み人口減少に見舞われる．23 区と全く対照的な姿がここにあ

第4章　郊外時代の終焉　73

表 4-2　多摩地域の人口変動

	1980 年		2010 年		2040 年
檜原村	4230	檜原村	2558	檜原村	1226
奥多摩町	9808	奥多摩町	6045	奥多摩町	2501
日の出町	13854	日の出町	16650	日の出町	11834
瑞穂町	22803	瑞穂町	33497	瑞穂町	26565
羽村市	42017	羽村市	57032	福生市	45303
稲城市	48154	福生市	59796	羽村市	49524
福生市	48694	武蔵村山市	70053	武蔵村山市	59596
武蔵村山市	57198	清瀬市	74104	清瀬市	63228
清瀬市	61913	国立市	75510	狛江市	67053
あきる野市	62810	狛江市	78751	あきる野市	69012
国立市	64144	あきる野市	80868	国立市	72449
東大和市	65553	東大和市	83068	東大和市	80270
狛江市	70836	稲城市	84835	稲城市	92826
昭島市	89344	昭島市	112297	東久留米市	98489
国分寺市	91010	東久留米市	116546	昭島市	99565
多摩市	95248	小金井市	118852	青梅市	104094
青梅市	98990	国分寺市	120650	国分寺市	116624
小金井市	102456	武蔵野市	138734	小金井市	117461
東久留米市	106556	青梅市	139339	武蔵野市	122592
東村山市	119363	多摩市	147648	多摩市	127469
武蔵野市	136910	東村山市	153557	東村山市	154682
立川市	142675	立川市	179668	立川市	161708
日野市	145448	日野市	180052	日野市	166119
小平市	154610	三鷹市	186083	小平市	169464
西東京市	158235	小平市	187035	西東京市	188539
三鷹市	164526	西東京市	196511	三鷹市	189348
調布市	180548	調布市	223593	調布市	215778
府中市	192198	府中市	255506	府中市	253143
町田市	295405	町田市	426987	町田市	418798
八王子市	387178	八王子市	580053	八王子市	547987

（出所）RESAS データにより計算

る．したがって「都心の時代」を迎え，多摩地域の人口減が明確になるにつれて，便数の削減も予想され交通の利便性向上は次第に低下しつつある．

74　第Ⅱ部　東京二都物語

表4-3　23区の人口成長率

成長率 10/80		成長率 40/10	
中央区	0.484	中央区	0.296
江戸川区	0.371	新宿区	0.270
江東区	0.272	港区	0.227
練馬区	0.269	江東区	0.180
足立区	0.102	豊島区	0.167
世田谷区	0.100	千代田区	0.162
板橋区	0.075	世田谷区	0.159
墨田区	0.064	墨田区	0.146
平均	**0.217**	練馬区	0.136
品川区	0.055	品川区	0.135
葛飾区	0.053	文京区	0.129
大田区	0.049	荒川区	0.122
荒川区	0.026	中野区	0.110
文京区	0.021	**平均**	**0.172**
港区	0.019	目黒区	0.102
杉並区	0.013	大田区	0.081
豊島区	-0.014	渋谷区	0.070
目黒区	-0.020	板橋区	0.043
新宿区	-0.051	江戸川区	0.042
台東区	-0.054	台東区	0.020
中野区	-0.09	杉並区	0.015
北区	-0.134	北区	-0.014
千代田区	-0.140	葛飾区	-0.113
渋谷区	-0.172	足立区	-0.145

（出所）RESAS データにより計算

　つぎに人口成長率に目を移してみよう．表4-3でわかるように23区の人口
成長率は「郊外の時代」から「都心の時代」への転換がはかられたとはいえ，
人口成長は8区でマイナスを記録している．もちろん「郊外の時代」である
1980年から90年の10年で見れば23区は軒並みマイナスになる．山手線の
西側から中央線にかけてと区内北東部を中心に，郊外の住宅地造成活発化に
より1980年から2010年にかけてマイナス成長から立ち直れないでいた．し

かし，これら地域の住民の職場の圧倒的多くが都心にあるため，マイナスを記録した8地域のうち，比較的都心に近い5地域の人口は2010年から2040年にかけてプラスに転じると予想できる．毎日の通勤は都心から放射状に延びる居住地の最寄り駅から開始される．通勤は時間と交通モードのミックス（車と電車，バスと電車，自転車と電車，徒歩と電車など）が多くなるほど疲労度が増大する．したがって，事業所が集積するあるいは隣接する山手線の主要駅がある地域の近くに人口は移動しようとする．その主要駅の周辺に手ごろな価格帯の高層マンションが建設されると買手が殺到することになる．23区の人口成長率の動きにそれが如実に表れている．2010年から2040年の予測では，マイナス成長率となる区は北部の3区だけである．

　もっとも近い将来，社会増が終息すると人口減は23区でも例外ではなくなる．都道府県の中で東京都は最低の出生率だから人口の自然減は言うに及ばず，日本全体の人口減少の本格化で東京圏以外からの流入が減少し東京圏の社会増も減少してゆく．結果として早晩トータルとしての人口も漸減してゆくことになる．しかし，23区では人口の平均成長率はまだプラスの17%位が維持される．東京都の人口のピークは2030年に訪れ，その後は減少にはずみをつけることになる．全国的な規模での人口減少はこうして本格化してゆく．

　ただし，多摩地域の平均成長率を考えると楽観を許さない．「郊外の時代」が終焉し劣勢に立たされる多摩地域ではあるが，1980年から2010年にかけて人口がマイナス成長を記録したのは1町1村だけで，むしろ平均成長率は23区よりも高く「郊外時代」を謳歌していた．しかし，2010年から2040年にかけては，平均成長率もマイナスになり，プラス成長は3市しかない状況に陥る．東京都全体の人口成長率が2030年代にマイナスが予想されるのは多摩地域の大幅なマイナス成長にも起因する．また順位の入れ替えが甚だしいことにも注目すべきだ．これは前述のラベンシュタインの「移住の法則」にあるように大半の移動者は遠くより近隣で「今より都心に近い」地域を移動先として選択していることを間接的に証明している．都心から遠い地域から玉突き現象が徐々に引き起こされ人口は都心方向に移住してゆく．これは，

76　第Ⅱ部　東京二都物語

表4-4　多摩地域の人口成長率

成長率 10/80		成長率 40/10	
稲城市	0.7617436	稲城市	0.0941946
多摩市	0.5501428	三鷹市	0.0175459
八王子市	0.4981559	東村山市	0.0073263
瑞穂町	0.4689734	府中市	-0.009248
町田市	0.4454292	小金井市	-0.011704
青梅市	0.4076068	町田市	-0.019179
羽村市	0.3573554	国分寺市	-0.033369
府中市	0.3293895	東大和市	-0.033683
国分寺市	0.3256785	調布市	-0.034952
あきる野市	0.287502	国立市	-0.040538
東村山市	0.2864707	西東京市	-0.040568
東大和市	0.2671884	八王子市	-0.055281
立川市	0.2592816	日野市	-0.077383
昭島市	0.2569059	小平市	-0.093945
西東京市	0.2418934	立川市	-0.099962
平均	**0.382914**	昭島市	-0.113378
調布市	0.2384131	武蔵野市	-0.116352
日野市	0.2379132	**平均**	**-0.0389**
福生市	0.2279952	羽村市	-0.131645
武蔵村山市	0.2247456	多摩市	-0.13667
小平市	0.2097212	あきる野市	-0.146609
日の出町	0.201819	清瀬市	-0.146767
清瀬市	0.1969053	狛江市	-0.148544
国立市	0.1771951	武蔵村山市	-0.149273
小金井市	0.1600297	東久留米市	-0.154935
三鷹市	0.1310249	瑞穂町	-0.206944
狛江市	0.111737	福生市	-0.242374
東久留米市	0.0937535	青梅市	-0.252944
武蔵野市	0.0133226	日の出町	-0.289249
奥多摩町	-0.383666	檜原村	-0.520719
檜原村	-0.395272	奥多摩町	-0.58627

（出所）RESAS データより計算

武蔵野，三鷹など23区のへりに位置する多摩地域の人口成長率がプラスで推移し，順位を着実に上げていることからもわかる．逆に，都心から遠ざかる立川以西の青梅線沿線の苦境が目立つ．これは首都圏外縁部の久喜市や飯能市といった埼玉等の「郊外都市」も等しく直面する問題である．

　では，23区と多摩地域二地域の人口とその成長率の関係を大雑把に把握するために，3時点（1980年，2010年，2040年）の人口と30年間隔の2期間成長率（1980-2010，2010-2040）を表4-5で示すようにケンドールの順位相関係数 τ（タウ）で検討してみよう．この順位相関係数はデータ量が少ない場合でもあるいは分布が歪んでいるとしても検定が可能で，正規分布をデータの特性として仮定しない比較的便利な推計値である．1980-2010両年の相関は23区よりも多摩地域の方が若干ではあるが低い（0.913と0.894）．これは，バブル期を挟んで郊外の時代を経験した多摩地域ではどの市町村も例外なく住宅開発が盛んにおこなわれたからだ．結果として多摩地域の大半で人口が急増したことが順位相関係数値の低さにその痕跡として残っている．ところが人口の将来推計を基にすると，2010年と2040両年の順位相関は両地域とも

表4-5　二地域の順位相関係数（Kendall の τ）

		1980年	2010年	2040年	1980-2010年の成長率	2010年-2040年の成長率
23区	1980年	1.000	.913**	.842**	0.257	-0.265
	2010年	.913**	1.000	.929**	.344*	-0.194
	2040年	.842**	.929**	1.000	.383*	-0.123
	成長率1080	0.257	.344*	.383*	1.000	0.099
	成長率4010	-0.265	-0.194	-0.123	0.099	1.000
多摩地域	1980年	1.000	.894**	.903**	0.113	.480**
	2010年	.894**	1.000	.954**	0.218	.503**
	2040年	.903**	.954**	1.000	0.200	.549**
	成長率1080	0.113	0.218	0.200	1.000	0.237
	成長率4010	.480**	.503**	.549**	0.237	1.000

　（注）** は1%の有意水準　* は5%の有意水準をみたす
（出所）RESAS データより計算

推計値は高いが，とくに多摩地域で上昇し0.954，23区はそれよりも若干低く0.929となる．この差は重要である．すなわち，「郊外時代」に多摩地域のどの市町村でも経験した住宅開発ラッシュが，近年の状況を考えると「都心時代」の23区でも起こることが予想される．例えば湾岸地区では高層マンション群が短期間で大量に供給されている．一斉に人口が急増し，やがて一斉に高齢化する「ニュータウン物語　湾岸エリア編」という近未来ドラマが高い確率で予想される．それはともかく，23区も順位相関係数値は引き続き上昇してゆくはずだ．

　23区と多摩の地域とで人口のはりつき具合を比較するため図4-2で示した，ハーシュマン・ハーフィンダール指数で検討する．ハーシュマン・ハーフィンダール指数が高ければ，移動人口は特定の地域に集中し，逆に低ければ移動人口は均等に散らばることを意味する．

　まず区部は平成12年まで特定地域に移動する傾向があったのが，それ以降は一貫してハーシュマン・ハーフィンダール指数が下降しているこのことか

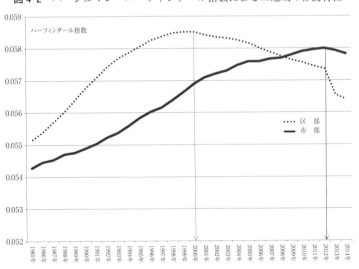

図4-2　ハーシュマン・ハーフィンダール指数による二地域の移動特性

（出所）RESASデータより計算

ら23区のいずれかに移動人口が満遍なく分散していることがわかる．他方多摩地域では，2012年まで一貫してハーシュマン・ハーフィンダール指数が上昇することから，特定の地域，例えば八王子や町田，府中，調布など特急や急行が止まる交通利便で人口規模の大きい特定の市へ近隣からの「地域限定的」移動が頻繁に行われることが推測できる．人口増や社会的移動にともなう23区内での居住地分散と対照的な特定地域への人口集中が多摩地域では見られることになる．

二地域の移動特性の違いを別の面からも確かめることができる．それは第Ⅰ部でも用いた順位規模法則の回帰モデルを使い，直線の傾きの推定による

表4-6　パレート係数推定値

モデルの要約

地域区分1	R	R2乗	調整済みR2乗	推定値の標準誤差
23区	0.911	0.829	0.821	0.377
多摩地域	0.957	0.916	0.913	0.120

分散分析

地域区分		平方和	自由度	平均平方	F値	有意確率
23区	回帰分析	13.798	1	13.798	97.044	0.000
	残差	2.844	20	0.142		
	合計	16.642	21			
多摩地域	回帰分析	4.072	1	4.072	282.743	0.000
	残差	0.374	26	0.014		
	合計	4.446	27			

係数

地域区分		非標準化係数		標準化係数	t値	有意確率
		B	標準誤差	ベータ		
23区	L昼間人口総数	−1.901	0.193	−0.911	−9.851	0.000
	(定数)	27.165	2.525		10.757	0.000
多摩地域	L昼間人口総数	−0.557	0.033	−0.957	−16.815	0.000
	(定数)	10.018	0.388		25.786	0.000

（出所）RESASデータより計算

確認だ．それぞれの都市の人口P_kの対数値を説明変数にし，その都市を大きさの順に並べて対応する順位R_kも対数値に変換すると，順位規模法則のモデル式は

$$\log(R_k) = \alpha_0 + \alpha_1 \log(P_k)$$

となる．回帰分析を用いて，「パレート指数」と呼ばれるα_1の推定値を求めると，23区の場合と多摩地域の場合で，表4-6のような計測結果が得られる．

　すなわち，23区では傾きが絶対値で1.901，多摩地域では傾きが絶対値で0.557である．パレート指数は絶対値1.0を臨界値として二つの全く異なった様相を暗示する．すなわち，絶対値で1.0よりも小さな値が統計的に有意な係数推定値として得られた場合は「その地域数にかかわらず」人口の多い特定地域への寡占的凝集が暗示される．逆に1.0よりも大きな数字が統計的に有意な係数推定値として得られた場合はより多くの地域へ満遍なく分散することが暗示される．この回帰分析から得られたパレート指数の統計的有意性は二地域とも高い．二地域のパレート指数値の違いは，23区では人口の空間的分散が一層進み，そして多摩地域では特定の地域への凝集がみられる傾向を暗示する．まさに図4-3(a)(b)のグラフが示す傾向とハーシュマン・ハーフィンダール指数とが整合する．二地域でのこの分散と集中の違いは，主として交通ネットワークの充実度によってひき起こされる．つまり住人も事業所も，駅が近く，それも複数の路線が集まる選択肢と利便性に優れた駅のある移動性の優れた地域を選択する．多摩地域であれば複数の路線が集まり特急や急行が止まる駅を有する人口の多い地域や比較的の都心に近い地域がそれにあたる．また多摩地域に比較して面積約半分の23区では都心に近いほど地下鉄網が発達し遠距離からの路線との相乗りが一般化している．23区の中では人口分散しても，比較的に狭いため通勤通学上での距離による障害はそれほど大きくはない．これが2つの地域の分散と集中を分ける根本的原因である．

図 4-3(a)　23区の順位規模法則

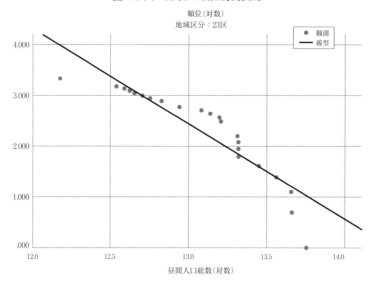

図 4-3(b)　多摩地域の順位規模法則

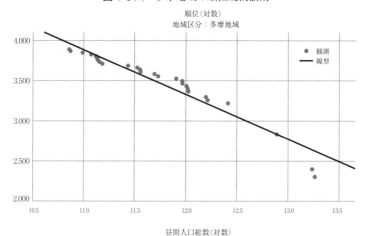

(出所) RESAS データより計算

3. 居住地選択のモデル

　次章で取り扱う2地域間移動の相互作用モデルとの違いをつなぎとして移住に関しての代表的なモデルをいくつか概論的に議論してみよう．居住地と勤務地や校地が完全分離された大都市で見られる毎日繰り返される通勤・通学の移動と常任地を抜本から変更することを意味する居住地選択（移住）は，大きな意思決定を要する選択行動である．毎日のルーティンとしての習慣行動である「通勤・通学」とはかなり本質的な違いがある．「原因」としての居住地選択がなされたのちに，通勤通学ルートや交通モードの合理的選択が「結果」として行われ，日々繰り返されるルーティンに転化されてゆく．

　新たな住居の選択は賃貸分譲いずれであろうとも引越しも含めてかなりの出費が必要である．と同時に，これまでの近隣コミュニティのつき合いが希薄化あるいは分断されるため，重大な意思決定を伴うことになる．居住地選択はどのように行われるのか．W. アロンゾを筆頭に都市経済学者は競って効用関数に様々な観点から都心からの移動距離を説明変数に入れてモデル化し主体的均衡条件を検討してきた．ここで，主婦の行動パターンに注目する代表的な静学モデルを紹介しよう．

　ただし，居住地選択に当たっても，あるいはルーティン化する通勤・通学でも，ラベンシュタインの「移住法則」をベースにした近隣移動を基本とするある種の「ランダム・ウォーク」的な要素も底流に存在する．したがって以下で説明するモデルでは完結しない確率的要因が現実には存在することを強調したい．技術革新がいくら移動コストを低下させようが，19世紀から言われてきた「移動の法則」あるいは人口移動の近接性が23区でも多摩地域でも頑固なくらい観察されるのだ．

⑴　通勤する主人と家計と子育てする専業主婦のモデル

　効用関数の中に周辺環境も含めて家屋の規模（おそらく周辺環境や交通環境

も考慮の上一戸建てなら庭の面積と床面積，集合住宅ならパブリックスペースや堅固性や防音性）とその他生活に必要な基礎的財・サービスの購入（娯楽もファッションも楽しめるショッピングセンターの品ぞろえや医療健康サービスの充実も含める）の2変数に集約する．通勤する主人が稼いでくる毎月の所得は，ライフスタイルを維持するため居住に関連するサービスと生活に必要な基礎的財・サービスの購入にすべて使われる（時間をまたがない消費行動を仮定しているから貯蓄の概念は必要がない）と仮定される．効用最大化の条件から，まず家屋の値段は都心から遠ざかるほど安くなる．時間価値で測れば特急や急行の停まる駅に近ければ，早めに家を出る時間や混雑時間の節約が可能となる．このことから都心に近くなくとも各駅停車の駅よりも当然価格は高くなる．また当然だが家屋や敷地面積が広くなるほど居住や生活に関連するサービスの値段は上昇する．ここでは単純化のために生活に必要な基礎的財・サービスは「どこでも同じ価格」と単純化する．そして通勤費用は（日本では大半勤務先が支払うのだが），都心から遠ざかるほど高くなる．この予算制約を満たした上で，効用の最大化を行う．この最大化条件を満たすことで合理的な家計は，一般に所得が上がれば「より広い家と庭」（居住サービスは上級財）を求めて都心より郊外をめざすことになる．米国の郊外化を見事に説明している．また専業主婦は通勤に対して何もコスト意識は働かない．主人とともに主婦の理想としては住宅すごろくの「上がり」は，緑も多く，生活する道路は交通混雑もなく，スクールバスによる子供たちの通学も安全な郊外の広い庭付きの日当たりのよい一戸建てである．モデルでは，夫の理解の上で通勤に伴う彼の疲労感や生産性の低下などの機会費用は考慮しないと仮定している．このモデルは戦後から1970年代までの米国の郊外生活を説明すると同時に，1980年代からバブル崩壊ころまでの日本の「専業主婦の典型モデル」として十分妥当したものと言える．

⑵　通勤が引き起こす主人の機会費用を加えた専業主婦のモデル

　つぎに24時間という貴重な時間制約を背景に通勤時間が持つ機会費用や心

理的費用を考慮して，都心からの距離を第3の変数として効用関数に取り込んでみよう．通勤費用は都心からの距離と通勤する主人の所得で説明される．所得が高くなるほど「無為に失われる時間の主観的機会費用は高くなる」．なぜなら，通勤時間など無駄な時間を節約して少しでもたくさんの時間を所得の得られる活動に振り向けることができれば，確実に所得水準の高い家計ほどその効用水準は上昇する．だから通勤時間の節約は，自由時間を増加させ自己啓発への時間投資といった主人の選択の幅をもっと拡大する可能性もある．通勤に伴う疲労感からも解放され，自己啓発により生産性を高め報酬アップにつながる可能性も高いからだ．あるいは近隣のジムに通い健康を増強することも可能になる．すると(1)のモデル分析で導かれる郊外の同一規模家屋の価値は(2)のモデル分析に基づくと機会費用分低下することになる．あるいは提示された価格なら買わない．もっと言えば，通勤にかかる機会費用の節約する誘因が所得の高い家計ほど働くため，郊外の広い家に居住することを選択しないで都心にある職場により近い場所のやや狭くなる家屋への居住を選択することにもなる．

(3) 共働き世帯のモデル

ここまでは性別による家庭内分業による居住地選択であったが，現在の日本のように専業主婦家庭よりも共働きの家庭が多くなった場合に焦点を当てたモデルを考えよう．ここでもやはり時間が効用関数の重要なファクターを構成する．1日は男女とも24時間しかない．食事やお風呂，睡眠など生理的必要時間を差し引くと，勤務時間，通勤時間，家事や育児の時間，そしてくつろぎと読書・娯楽などの「明日への投資となる」自由時間が残る．男性と女性では家事や育児の時間は「当然違う」．とすれば，自由時間をどう作るかが女性にとっての重大な関心事になる．そこで効用関数の中に，男性の通勤時間ではなく「働く女性の」自由時間を直接入れる．制約条件は2つ用意される．1つ目は主人の所得と主婦の労働時間で変化する共稼ぎ家庭の合算所得が家屋の規模，基礎的な都市型サービス，そして，夫婦の支払う通勤費用

と等しいこと．2つ目は主婦の労働時間，主婦の通勤時間，そして自由時間が24時間から生理的時間を除いたものに等しいことである．ここでは居住地選択と自由時間を決定する主婦の選択が極めて重要になる．主婦の通勤時間は彼女が提供する予定の労働時間と居住地からの距離で決まる．すると「主婦の距離の三角形」の制約付き最小化モデルとこのモデルを言い換えることもできる．まずこのモデルから，職場が集まる都心への距離と主婦の労働供給はマイナスの関係，主人の所得と主婦の労働供給もマイナスの関係が導かれる．特に後者は「ダグラス＝有沢の法則」といわれる．昨今の共働きは家計防衛もあるし，女性のキャリア形成と子育ての両立願望もある．この願望を実現するためにキャリアを結婚後も継続して行くためには当然通勤費用の節約を検討することになる．さらに職場選択に当たっても，時間の裁量に関して選択の幅が広く，さらに交通の便の良いところを選択することになる．

この第3のモデルが意味することは，有業女性は男性（特に独身，あるいは専業主婦を持つ家庭の）以上に都心願望が強く出てくるということ，また晩婚化や少子化は「郊外の広い家」の需要を低下させる．だから共働き時代の本

図4-4 男女比と都心からの距離の関係

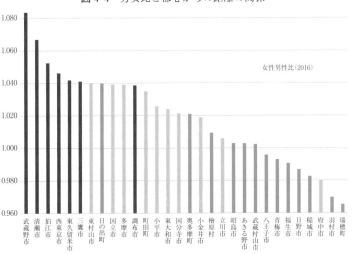

（出所）RESASデータより作成

図 4-5 団塊ジュニアの比率の違い（2015 年）

（出所）RESAS データより作成

格化で，女性数／男性数で表される男女比と都心からの距離の関係を見れば図 4-4 のように，都心に近いほど常住地の男女比では女性の比率が高くなる傾向が観察される．

さらに第 3 のモデルの現実的妥当性を確認するために，子育て中の女性が多い「団塊ジュニア」の居住地を図 4-5 で図示する．円の大きさは各自治体の常住人口である．この図から，若い世代は多摩地域よりも断然都心に近いまちに居住していることが観察される．「団塊ジュニア」の世代は共働きが一般的だから，先ほどの(3)の共働き世代の合理的なモデルと合致する居住地選択をしていることがわかる．

こうして 1960 年代から 2000 年の前半までつづいた「郊外時代」は終焉を迎えた．なにも「郊外の魅力」がなくなったわけではない．時代が共働きを女性に選択させ，その女性が経済力と発言力をもつことによって，時間価値の重要さを一層認識し，同時に一人の女性の産む子供の数を着実に減少させた．その結果「郊外のより広い家」は次第に選択されなくなり，合理的判断から機会費用を削減するためにも戸建てより利便性の高い「都心のマンションの時代」へと時代はコマを進めることになった．

お わ り に

　多摩地域から都心地域への居住地の変更，つまり「都心回帰」現象は女性の高学歴化と社会参加，バブル崩壊後の地価の低下，モノ消費からコト消費重視といったライフスタイルの変化を背景に生まれた．その変化の底流には居住地選択パターンを決定する女性たちの意識と行動両面での変容があった．それはバブル経済崩壊後の経済停滞が専業主婦という存在を少数派に転落させ，その代わりに家計防衛とライフスタイルの洗練化を目指す有業主婦が多数派に躍り出たことを意味する．バブル経済の崩壊は都心居住の利便性享受を若い世帯にも実現させる面をもった．半面「郊外の時代」を一挙に終焉させた．それは郊外の一戸建て分譲住宅を住まいの「すごろくの上り」として描いた高度経済成長の夢が色あせることでもあった．働き盛りの時代を住宅ローンと教育ローンで費消した中高年層だけが郊外に置いてきぼりになる姿をバブル前の日本で誰が想像できただろうか．

　経済停滞は地価も下落させたが賃金も低下させた．グローバル競争は日本製品の値下げを迫ったからだ．中国をはじめアジア地域の経済発展は，新たな有望市場を追加させると同時に日本国内事業所のライバルを作り出した．では，日本は高コスト社会脱却以外に手はなかったのだろうか．かつて世界を席巻したモノづくり大国のタイトルは中国やその周辺に奪われてしまった．スマホの登場とガラケーの退場は日本のモノづくりの在り方に根本的対応を迫るに十分だったが，いまだ抜本的打開策は見えてはいない．昨日の成功が明日の実践の足を引っ張る．「イノベーション（あるいはイノベーター）のジレンマ」がそこには存在する．この混迷の時代が作り出すリスクに対応するには共働きが不可欠であると誰もが感じている．これは女性の社会的地位を向上させる効果も生んでいる．しかし，女性のキャリア継続と子育ての両立を日本の社会は制度的に支援する態勢が十分整ってはいない．その対抗策の一つが女性が主導する「都心回帰」であることを時の為政者は十分に認識す

88 第Ⅱ部 東京二都物語

べきだろう.

──コラム──

豊穣と貧困が両存する悲劇

　経済学者イースタリンは米国のデータを分析し「人々が豊かになっても幸福度は上がらない」という実証分析を行ったことで有名. 貧困に喘ぐ人が少なくなれば, その分国民全体の幸福度はあがるのでは?と誰しもが思う. しかし, データは正直. そんな馬鹿な, ということで日本でも同じようなデータで調べた研究者がいた. 結果は, イースタリンが述べたと同じ.「なぜだ!」ということになる. 合理的な個人は, 他人の状態に関係なく自分の所得が上がれば, 物質的には豊かになる機会が増える. だから, 所得が増えれば皆一様に幸福になれるだろうと誰もが考える. しかし, ある程度豊かさが実現できた先進社会では,「他人様はどうなのか」が気になる. 自分の所得が上がっても, 隣近所も同様に上がっているなら「幸福度」に影響しないとイースタリンが絵解きをしてくれた. 社会全体が経済的に豊かになっても, 個々人はそれには無関心. でも, みんなが据え置かれているのに「自分だけが」となれば, それは喜びも一入. ずいぶん人間の主観とは勝手なもの.

　◇質は価格に反映しない

　宮崎県は九州でも有数の農業県. かつてメロンやマンゴーをタレント出身の知事がブランド化し, そのおかげで「宮崎産」は高い値段で首都圏を中心にデパ地下をにぎわした. しかし, 九州全体では宮崎県の「一人当たり所得」は低位に甘んじている. メロンやマンゴーの他, イチゴもぶどうも優れもの. その上, 肉牛の質でも連続して日本一となる快挙を達成している西諸地域に注目すれば, その宮崎の中でも低位でうろうろ. 果樹農家も畜産農家もそれこそ睡眠時間を削って質の良い物産をと頑張っているのに, 貧しさから抜け出ていない. 作物の質が価格に十分反映していないからだ.

　何故か. 東京, 横浜などの大消費地から「あまりにも遠い」のだ. この距離が質の付加価値への転化を妨げる. 大消費地までの距離の長さがコス

トアップにつながり，採算性を奪う．だから，マーケットは首都圏に到達
する位には広がってくれない．需要の増加が価格を引き上げる．マーケッ
トの狭さが採算に乗る需要を十分に維持できないため，高品質であっても
高付加価値化に結びつかない．だから遠隔地の経済力はいつまでたっても
向上できない．この悲劇をなんとか打開できないのか．採算性を奪ってし
まう日本の輸送費は，国際的にはべらぼうに高いわけではないという．だ
が，輸送距離の長さが比例以上に輸送費を押し上げる構造になっているか
ら，キャベツなどでは輸送費が価格の半分を占めることになる．その理由
の一端が高速道路の料金設定にある．輸送手段は何も自動車ばかりではな
い．もっと環境に優しい船や貨物列車があるではないかという声も聞く．
しかし宅配便が普及しているように利便性は自動車が圧倒的に高い．だか
ら，高コストに目をつむって自動車で高速道路使用という選択になる．宮
崎の優れた肉牛が勝負できるのは，競合するブランド牛でひしめき合う関
東圏ではなく．もっと近場の近畿圏までとなる．ナショナルブランド化し
がいのある大消費地へのデビューがそれだけ遅れる．その間にライバルが
躍り出る．

◇距離の暴虐に何か手だてはあるか

　大消費地へのデビューが遠隔地ゆえに失敗するなら，産物は地域に留め
置き，逆に大都市の消費者たちに来てもらえばいい．そして大いに高品質
をアピールし，お客様に「広報部隊」を務めてもらえばいい．いまは，ツ
イッターなどでいとも簡単に口コミサイトが利用できる．「地産地消」は
地元の人のためのものではない．むしろよそ様のためにこそある言葉．観
光と積極的に組むべきだ．地元の評価とよそ様の評価のぶつかり合いが産
物を磨いてくれる．川下に偏った付加価値を川上にもっと配分し直すため
にも，無駄を排除し輸送費を低下させ市場をもっと拡大する方策を急がな
ければならない．

（細野）

第5章

時間距離の相互作用

細 野 助 博

は じ め に

「郊外時代」は終焉したが，依然として都心と郊外の人口をめぐる引っ張り合いは居住と移動の2つの面から継続している．居住地変更という社会移動を選択したグループとしなかったグループが混在する中で毎日繰り返される通勤・通学の移動パターンの特徴を多摩地域と23区間に焦点を合わせて描き出してみよう．

概算すると23区の常住人口は900万人，多摩地域の常住人口は400万人であるが，平日には通勤・通学で55万人が23区に多摩地域から移動し，逆に23区から10万人多摩地域に移動している状況がこの数年間続いている．第4章で常住人口移動の繰り返しが，世帯の居住地選択に関連してくることも確認した．共働きを中心に時間価値の増大が都心回帰を選択させる．

ここでは，毎日繰り返される通勤・通学の人口移動の側面から「移動元」と「移動先」の2つの地域の相互関係を人口移動の側面から検討する．国際貿易論と新経済地理学のパイオニアでありノーベル経済学賞（2008年）に輝いたP・クルーグマンが「2つの質量間の相互作用の最適化問題」として記述するグラビティモデルを，より現実的に解釈して「23区」と「多摩地域」

2つの地域の人口を軸とする相互作用モデルとして実証化し検証してみる。2地域間グラビティモデルはその定式から，ある個体の2地点間移動をベースとするからある種の対称性を前提とすることになる。しかし，現実の人口の流れはその対称性をむしろ例外とする。2地域間グラビティモデルの定式は，2地点間の空間的領域を確定するためには有効であるが，ここでは人口を吸い取られる地域と吸い取る地域との「非対称関係」の定式化が目的となる。通勤・通学の比率は56：9となっているから，23区と多摩地域とでは人の流れは非対称となっている。それが昼夜間人口比率にも反映してくる。昼間人口と夜間人口（常住人口で代置する）のプッシュ側とプル側の相互の違いに注目して，これから2地点間相互作用モデルを実証化してみる。

1．2つの地域の比較

　23区と多摩地域の量的な比較をモデル化する前に確認しておく。23区と多摩地域では凡そ常住あるいは夜間人口は2：1となり，昼間人口は3：1の比率になる。また，これから議論する多摩と23区の間の相互作用の一端を示す「移動」は，5：1の比率となる。これは事業所数が4：1の比率であることを考えると比率としては若干高い。通勤と通学やレジャー用に23区が供給できる多様なサービス（都心百貨店などで販売される高級ブランド品や劇場で展開される演劇や高級レストランの料理など）が揃っている。しかし，多摩地域では就業者数が常住人口数と同じくらいであることを考えると，事業所数で1/4であるから，1事業所当たりの就業者数は多摩地域の方が多いことがわかる。地価が比較的安価で都心にも近いことから多摩地域には大規模製造業を中心に多数の従業者を雇用する大規模事業所が集まり，その周辺に本社機能を併せ持った中小企業が立地してくる。歴史的にも，戦前から軍用飛行機の生産が活発だったことや京浜地区の製造業が疎開してきた地域のため，先端的なモノづくりが盛んにおこなわれてきた地域だったことも関係している。

表 5-1　2 つの地域の比較

	多摩地域	23 区	比率（多摩／23区）
常住人口（人）	4216040	9272740	0.455
昼間人口（人）	3836593	11711537	0.328
23 区への移動（人）	538192		
23 区からの移動（人）		103148	0.192
事業所数	133187	526748	0.253
就業者数（人）	3630108	8086279	0.449

（出所）RESAS データより作成

2．昼間人口の時代的変化

　東京都の区部，市部，郡・島しょ部あわせて常住人口が 1350 万人強で，昼間人口が 1592 万人強だから，差し引き 242 万人強が隣接県から通勤・通学，あるいはショッピングや個人的都合で東京都内にやってくる計算になる．

　その他に同種の理由で東京都内間の移動もある．23 区への多摩地域からの移動，23 区内での移動，多摩地域内での移動がそれぞれ考えられる．

　平日にルーティンのように繰り返される「都心を目指す」行動を時代的変化にあわせて考えてみよう．多摩地域を筆頭にして他地域からの 23 区への移動は，若い世帯を中心に「都心回帰」が進むので減少傾向をたどることが当然予想される．もちろんそれは比較的若い世代の都心居住の意欲の強さと，郊外地域の高齢化率の加速化を前提にしての話である．地価の趨勢や公共交通機関の輸送力の増大などで 23 区と外環部を構成する郊外都市との「昼間人口の取り合い」はこれからも展開されるが，もはや 23 区内の優勢はゆるがない．「郊外時代」には多摩地域は夜間人口も昼間人口も増加の一途を辿った．子育て真最中の世代が，高い地価と家賃を避けるために通勤時間の増加に目をつぶり，子供の成長に合わせて「少しは広い居住スペース」を求めて郊外へそれこそラッシュ・アワーの駅のように駆け込んできた．しかしバブル経済の崩壊と「失われた 20 数年」の長期低迷経済の到来で，女性の社会参加と

94　第Ⅱ部　東京二都物語

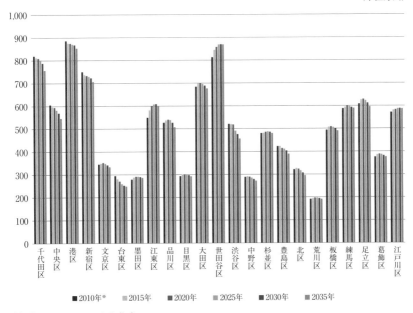

図 5-1　区部の昼間人口の推移　　　（単位万人）

(出所) RESAS データより作成

引き換えに「都心回帰」へと切り替わる．こうして多摩地域を中心に昼間人口の増加傾向は沈静化してゆく．それは23区と多摩地域の昼間人口の伸び率を比較すればよい．現在は東京都の昼間人口の増加傾向は23区に顕著に見られ，多摩地域の増加は23区に逆転されつつある．

　都心を中心に「大東京」のイメージが世界的に形成されている．日本に関心を持つ世界中の人々は23区のイメージを東京として持つ．この地域から多種多様な世界の先端を行く活動や情報が世界に発信される．その活動を23区の昼間人口が支えている．この巨大都市のマシーンの中身を昼間人口の長期予測から図5-1によって検討してみよう．

　23区に限ってみれば，昼間人口が継続的に減少していくのは9区，下降開始している区は12区，上昇中は世田谷区と江戸川区の2区である．また，昼

間従業者が多いのは港区，千代田区，中央区が3傑で，昼間通学者が多いのは世田谷区，新宿区，千代田区が3傑である．また常住就業者が多いのは，世田谷区，大田区，江戸川区が3傑で，常住通学者多いのは，世田谷区，江戸川区，練馬区が3傑である．これらから世田谷区，大田区，江戸川区，練馬区の昼間人口の常住人口構成比率は港区，千代田区，中央区に比較して高いことが推しはかれる．これらの4区では常住人口が昼間人口の下支えをすることも読み解ける．全体として23区への昼間人口の集中は，「郊外時代」のように職場と家庭が空間的に分離することではなく，なるべく「職住近接」への選択が若い世代を中心に起こりつつあることを示している．これは結婚を機に家庭分離した若い世代のみでなく，大学の都心回帰で学生たちも都心を目指しだしたことも関係する．ただし，常住人口も外からの人口の新陳代謝がなければ「まちとともに高齢化する」．湾岸地域に陸続とできつつある高層マンション群は，前述したようにひところの多摩ニュータウン地域の開発

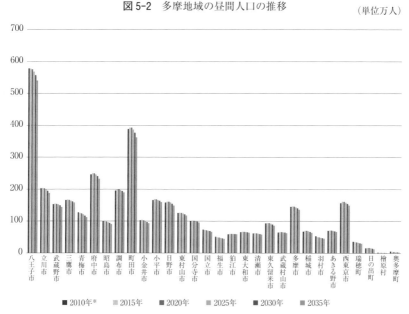

図5-2　多摩地域の昼間人口の推移　　　　　　　　　（単位万人）

（出所）RESASデータより作成

96 第II部 東京二都物語

によって短時間のうちに作られた集合住宅群とダブって見えてしまう.

　さて,昼夜間人口比率が1.0を切る地域が多い多摩地域を図5-2で見ると,昼間人口が下降を継続している地域は16地域,下降を開始した地域が14地域で,増加傾向にある地域は一つもない.昼間従業者比率が高いのは八王子市,瑞穂町,町田市が3傑で,昼間通学者比率が高いのは八王子市,町田市,調布市が3傑である.また常住就業者比率が高いのは,八王子市,町田市,瑞穂町が3傑で,常住通学者比率が高いのは,八王子市,町田市,府中市が3傑である.一般的に言って多摩地域はどこも昼間人口を構成するのは常住人口であることに特徴がある.しかし,すでに多摩地域の常住人口は,「都心回帰」の影響を直接受け減少しつつある.中心部に対して西側郊外にあり,都心から見れば比較的地価が安価なので多摩ニュータウンに代表されるように高度成長期からバブル期にかけて住宅地の大規模開発が進められてきた.あるいは雇用が増えることを期待して大規模な土地を必要とする大規模工場の誘致に向けて,多摩地域の行政は競い合って工場団地づくりを急いだ.モノづくりに対するグローバル化の波が本格化するまで,この誘致合戦は昼間人口獲得にある程度の効果をもち得た.しかし,製造過程の自動化と安価な労働力とより安価な土地を求めざるを得なくなった.親会社を中心にその系列につながる中堅各社まで,国内外での工場移転や工場統合に乗り出した.その結果,多摩地域のモノづくりには陰りが見えだした.またそれに輪をかけるように,大学の都心展開も本格化を迎え,これがボディブローのように効きだして多摩地域の昼間人口の低落傾向を決定づけている.

　さて,昼間人口の構成の大半は就業者で占められる.そこで表5-2のように,事業所数と昼間人口の関係を両対数型2次曲線回帰モデルで推定した.2か年のデータとも2次の項の係数がマイナスだから事業所が増加しても昼間人口を加速させる能力は逓減してゆくことを示唆する.また,2009年と14年の二期間で比較すると,2次の項が-0.068から-0.071に上昇していることから,減衰効果がさらに高まることもわかる.これは昼間人口の増加には,事業所数を追加するよりも,もっと他の機能や魅力を追加することが必要で

表 5-2　昼間人口増加に対する事業所数の効果（2009 と 2014 年の比較）

係数

	非標準化係数		標準化係数		
	B	標準誤差	ベータ	t 値	有意確率
事業所合計（2009）	2.105	.213	2.139	9.863	.000
事業所合計^2（2009）	-.068	.013	-1.163	-5.363	.000
（定数）	-1.199	.893		-1.343	.185

係数

	非標準化係数		標準化係数		
	B	標準誤差	ベータ	t 値	有意確率
事業所合計（2014）	2.163	.203	2.165	10.664	.000
事業所合計^2（2014）	-.071	.012	-1.190	-5.860	.000
（定数）	-1.416	.893		-1.680	.099

（出所）RESAS データより推計

あることを示唆する．つまり就業目的の昼間人口だけでなく，商業や娯楽サービス，観光，レジャーなどの都市的サービスの充実が昼間人口増加の呼び水になる．幸い，各社乗り入れや地下鉄網の充実に代表されるように公共交通機関の発達は，都心部へのアクセスを格段に向上させていることから，他県からも昼間人口吸引できる余地は残っている．しかも昼間人口の増加に向けては，新規不動産投資もあり都心部はかなり有利な状況にある．

　対してもっぱら都心に向けて放射状をなす交通網は充実してはいても，多摩地域間を南北に繋ぐ交通網が未発達なうえに，23 区に比較して合計面積は 2 倍あるので，事業所の集積力が弱い多摩地域では 23 区同様の戦略を採用することはできない．

　その理由を検討してみよう．23 区の市街地，特に山手線の内部では多種多様な事務所ビルが林立し，様々な業態の商業集積や映画館レストランなどが，四通八達の電車網に支えられながら完備している．驚くべきことに山手線の域内では 2 回地下鉄等を乗り換えれば「どこでも徒歩」でアクセス可能だ．このように都心部では就業目的の人口だけで昼間人口が支えられているわけではない．他方多摩地域では，駅前周辺に張りつくように並ぶ事務所ビルと

98　第Ⅱ部　東京二都物語

表 5-3　昼間人口増加に対する事業所数の効果（23区と多摩地域の比較）

係数

地域 = 23区	非標準化係数		標準化係数		
	B	標準誤差	ベータ	t 値	有意確率
事業所合計（2014）対数	.929	.121	.858	7.663	.000
（定数）	3.807	1.210		3.146	.005

係数

地域 = 多摩地域	非標準化係数		標準化係数		
	B	標準誤差	ベータ	t 値	有意確率
事業所合計（2014）対数	1.163	.033	.989	35.711	.000
（定数）	1.980	.264		7.501	.000

（出所）RESAS データより作成

　商店で構成される「駅前」商店街が軒並み衰退傾向にある．多摩地域の住民にとって都心に求めるニーズを除外すれば，日々の消費ニーズの充足は「車を利用した移動」に頼ることになる．彼らは大規模な無料駐車場とシネマコンプレックス完備の郊外型ショッピングセンターや乗降客数の比較的多い駅前の百貨店，商業ビルなどを巡るしか選択の余地はない．

　事業所数の昼間人口増加の限界効果は当然逓減するから，23区と多摩の2つの地域では事業所数の水準比5：1にまともに左右される．すなわち増加効果を弾性値で比較すれば，表5-3のように多摩地域では1.16，多摩地域より事業所数が数段多い23区では弾性値が0.93となる．多摩地域では事業所の積極的誘致やスタートアップ企業の創設・支援によって，昼間人口の増加には意外と効果が出ることが予想できる．つまり昼間人口の増加を望むのであれば，これまでの開発パターンが目指した23区の衛星都市あるいはベッドタウンからの脱却が必要だ．多摩地域が昼間人口を増加するには，すぐにでも住宅供給から産業政策に向けて大きく舵を切るべきだ．もっと事業所数の増加にむけて社会インフラの整備，特に交通政策の抜本的な改革が求められる．しかし，多摩地域振興に向けて都政が大きく舵を切ったという話は聞こえてこないし，自治体も歩調を合わせて都政の方向性を変えさせようという気概

も見えない.

　さらに，事業所数に必ずしも依存しないショッピングやレジャーの客といった昼間人口を引き付ける集積の効果や未知の要因を定数項に着目して推測すると，23区が3.81，多摩地域が1.98だから23区は多摩地域のおおよそ「2倍」の効果をもっていると見てよい.

　要するに，多摩地域は事業所数が23区に比較して昼間人口の増加により大きな直接効果があることが確認できる．多摩地域はこれまで23区に対して，地価も相対的に安価であることや自然環境・子育て環境の良さを売り物にして，もっぱら郊外型ベッドタウンとしての機能を担ってきたが，時間価値の増加が多摩地域から23区への若い世帯の移動を促している現状から，ベッドタウン機能で昼間人口を増加させることはこれ以上期待できない．むしろ23区に近接している地域であることを最大限生かして，23区と関連する事業所の誘致や起業を促進したりスタートアップ企業を支援するという「職住近接」をウリにすることで昼間人口の増加を図るべきだ．これを「ツインシティ戦略」と名づけたい.

3．相互作用モデルで見る「非対称な人の流れ」

　都市や地域の相互関係を記述するとき，ニュートンの時代に始まった重力法則を模したグラビティモデルを使用することが多い．しかし引力の釣り合いを示す「対称性」は地域間の人口移動では成立しえない．二つの地域での人の流れが「等しくなる」ことはむしろ例外である．前述したようにグラビティモデルは距離変数を使って2地域間の領域確定に活用できるが，人口の流れが吸収する側と吸収される側に「非対称」に分かれるさまをその定式化で表現することには無理がある．2地域間の人口の流れの「非対称性」は23区と多摩地域の昼夜間での人の流れを見ればわかる．朝は都心への混雑する電車，夜は都心から郊外への混雑する電車で確認するまでもない.

100 第Ⅱ部 東京二都物語

そこで，二つの地域の相互依存効果をどのような質量でとらえるべきかが重要になる．たとえば大きく多摩地域と23区というとらえ方をした時，人口移動は対象となる2地点の人口の厚みだけで説明できるものではない．事業所や大型商業施設の立地状態，電車の本数や運行状況などの輸送力も「非対称性」を拡大する．また，移動元の人口と移動先の人口をどのように区別するのか．たとえば千代田区の場合，昼間人口は夜間人口に対して14.6倍の開きがある．このように人口の流れの「非対称性」に着目した場合，移動元の人口は常住人口（あるいは夜間人口）とし，移動先の人口を昼間人口とするなどの工夫が実証化には絶対必要になる．また，量は質も規定する．人口の厚みが様々なビジネスチャンスや都市的な魅力を左右する．需要空間を構成する近隣の人口密度の濃い23区の商店街が押しなべて元気であるのに対して，郊外の商店街は大規模ショッピングセンターの林立で青息吐息の状態にある．後背地にどれだけの人口の厚みが存在するかが商店街の生存可能性を左右する．銀座，日本橋，新宿の旗艦百貨店の集客力と郊外型ショッピングセンターなどの集客力を比較すると空間的広がりやアクセス手段，そして行動パターンも全くと言ってよいほど違うことがわかる．昼夜間人口密度の違いや多様な魅力の組み合わせが「人口の流れ」を演出する．したがって，これらの事情を加味して現状に即した説明可能な分析モデル構築する必要がある．新たな相互作用モデルを構築する作業を始めよう．

2015年の国勢調査を元に首都圏の人の流れを見てみると，東京都に流入する人口はおおよそ291万人，流出する人口は50万人である．主な流入元で見ると，神奈川県から107万人弱，埼玉県から94万人弱，千葉県から72万人弱となる．逆に流出先は神奈川県へ24万人弱，埼玉県へ14万人，千葉県に83万人となる．

また東京都内の人口流出入を概略して見ると，多摩地域からの流入は56万人弱，逆に多摩地域への流出は10万人強となっていることはすでに述べた．

この潮の流れのように毎日繰り返される大きな人口の流動をまず念頭において，それを「相互作用モデル」に変形してゆく．2地域間引力モデルでは

2つの地域の相互作用の流出入が「対称性」をもつことが前提となって定式化される．しかし，2地域間の人口流出入数が等しくなることは例外的であるという事実を踏まえてはいない．単に流入する人口を地域で合計することで「対称性」の非現実性を克服することをねらっている．

　したがって2地域の流出入人口を，常住人口と昼間人口で区別することと，流出人口にかかるパラメータα，流入人口にかかるパラメータβでコントロールすることで人口の「非対称性」を明示したモデルの推計を行う．

　2つの地域i，jの人口をそれぞれP_i, P_jとし，流出するi地域，流入するj地域2地域の直線距離をD_{IJ}とするとき，2つの地域でi地域からj地域への移動者数I_{iJ}は，

$$I_{i,j} = k\frac{P_i^{\alpha} P_j^{\beta}}{D_{ij}^{\gamma}}$$

と「相互作用モデル」は一般化して定式化される．ここで，k，α，β，γはそれぞれパラメーターである．

　現実に存在する人口の流れの「非対称性」に注目して，式をさらに変形して，

$$\frac{I_{ij}}{Q_i} = z\frac{P_j^{\theta}}{D_{ij}^{\sigma}}$$

$$\frac{E_{ij}}{Q_i} = z\frac{P_j^{\theta}}{D_{ij}^{\sigma}}$$

と二つの式にする．上の式で常住人口P_iのうち域内移動を含めない純粋に外部の地域に流れてゆく場合と，域内でも移動しているデータを含んだ分析を行う場合を区別して分析する．式の左辺は，I_{ij}で二地域間の移動のみの人口を表し，E_{ij}で自地域内での移動（つまりI_{ij}）も含める移動を表す．23区の地域ではその利便性の高さから域内に滞留し移動を域内で完結する人口も無視できないからだ．またあえて2つのモデルで計測する理由は，人々の移動距離に関する多様な摩擦から起きるコスト意識がどのように作用するかを区別し

てくれるからだ．ここで，新たな変数Q_iはi地域の常住人口（夜間人口とほぼ
同じ）である．またz，θ，σはそれぞれパラメータである．また，zには多
摩地域からの移動と多摩地域への移動の2種類のダミーを含ませてその斥力
と引力の差を比較する．（なお，以下の実証のためのデータ収集，加工，統計分
析作業には本書執筆者の一人中西英一郎氏の手をわずらわした．）

(a)　域内移動を含めない「人の流れ」

　まず基本モデルでは多摩地域をダミーとして含めない基本的モデルで推計
した．左辺は常住人口が他の地域にそれぞれどれだけ移動しているかを比率
として示した変量である．結果として表5-4(a)のように，着地地域の昼間人
口が10%多い地域には10%相当の人の流れの「増加」が発生することが推測
できる．また，直線距離が10%長くなると着地人口は18%減少することも推
測される．

表5-4(a)　相互作用モデルの推計

モデル1

	（定数）	行き先昼間人口	2地域直線距離
回帰係数推定値	-12.312	1.010	-1.832
t 値	-61.25	66.47	-63.22
調整済み決定係数	0.833		
F 値	6877		
自由度	2753		

（出所）RESAS データより推計

　つぎに，出発地域として多摩に着目する「多摩出発ダミー（斥力）」と着地
地域として多摩地域に着目する「多摩到着ダミー（引力）」をそれぞれ入れた
2つのモデル式を推計し，その係数推定値を比較する．表5-4(b)(c)にあるよ
うに二つの推計モデルからそれぞれ1.321，0.181の推計値が得られた．それ
ぞれ指数化すると，3.747，1.198となるから，多摩から「斥力として」約3.75
ポイントが付加される．つまり多摩から他の地域への移動が強化されること

がわかる．逆に多摩への「引力として」約1.20ポイントが付加される．これは多摩地域から都心部への人口の押し出し圧力が，都心部に対して多摩地域が持つ吸引力より単純計算で3倍くらい強いことを意味する．

表5-4(b)　相互作用モデルの推計

モデル2

	（定数）	行き先昼間人口	2地域直線距離	多摩出発ダミー
回帰係数推定値	-12.842	1.000	-1.870	1.321
t値	-81.43	84.17	-82.43	41.82
調整済み決定係数	0.883			
F値	6967			
自由度	2752			

表5-4(c)　相互作用モデルの推計

モデル3

	（定数）	行き先昼間人口	2地域直線距離	多摩到着ダミー
回帰係数推定値	-13.003	1.060	-1.824	0.181
t値	-42.89	47.25	-62.80	3.04
調整済み決定係数	0.833			
F値	4600			
自由度	2752			

(b)　域内移動を含めた「人の流れ」

　次に，域内で様々なニーズが充足されるという「より現実的な」ケースを想定したモデルを推計する．第1次接近としてまずダミー変数を含めないモデルで推計した．域内移動をデータに含めない表5-4(a)モデルの推計結果と比較して，表5-4(d)のようにほとんど係数値に目立った変化が生じてはいないが，注目すべきは距離の係数推定値が-1.83から-1.74に若干低下していることだろう．この推定結果からどのような説明が可能だろうか．まず域内移動のデータを加えると距離が移動に対して与える摩擦が若干低下することを意味する．域内移動のケースも推計モデルのデータセットに加え被説明変数としたことによって，「地域内で済ませることのできる最大ニーズは地域内で

104　第Ⅱ部　東京二都物語

実現する」が，域内で自足できないニーズの充足は移動コストを負担してで
も他地域に求める必要がある．域内移動も加えることで「より現実的で合理
的」な行動も分析対象にすることができる．それぞれの地域で充足できるニ
ーズとできないニーズがある．域内で充足できないニーズはどの地域でもあ
る．その充足を目指して他の地域への人の流れが発生する．域内での移動も
加味するとすべてのニーズを域外に頼る必要がないので，その分移動制約が
ゆるくなる．その結果，どの地域の居住者にとっても距離の摩擦を低下させ
ることが合理的な方策となる．つまりなるべく域内で充足できるニーズの多
い地域に居住地を移し，摩擦を低下させる交通モードを選択できる域内での
居住地に移動するなどの賢い選択を続け移動距離によるコストを下げるとい
うことだ．多摩地域から都心に通勤をする人たちにとっては，都心移動は「最
優先」であるから代替できるものではない．他のニーズ充足よりも優先させ
て「摩擦」を低くする工夫をしなければならない．これが距離に関する弾性
値を低下させる能動的要因と言える．他方移動手段を巡る環境変化もある．
つまり輸送力増強への社会インフラ投資の実現と，都心に通勤通学する郊外
人口の伸び悩みである．これが移動時の不快さを軽減することで，距離に関
する心理的肉体的摩擦を低下させる．

表5-4(d)　相互作用モデルの計測

モデル4			
	（定数）	行き先昼間人口	2地域直線距離
回帰係数推定値	-12.448	1.001	-1.737
t値	-64.23	65.42	-70.52
調整済み決定係数	0.836		
F値	7172		
自由度	2806		

　次に斥力と引力の比較をするために「多摩出発ダミー」と「多摩到着ダミ
ー」の二つを入れて推計をそれぞれ試みた．結果として表5-4(e)(f)のように

表5-4(e) 相互作用モデルの計測

モデル5

	(定数)	行き先昼間人口	2地域直線距離	多摩出発ダミー
回帰係数推定値	-13.112	0.999	-1.760	1.321
t 値	-85.02	82.53	-90.25	40.92
調整済み決定係数	0.884			
F 値	7124			
自由度	2805			

表5-4(f) 相互作用モデルの計測

モデル6

	(定数)	行き先昼間人口	2地域直線距離	多摩到着ダミー
回帰係数推定値	-13.19	1.055	-1.731	0.197
t 値	-44.32	46.76	-70.22	3.28
調整済み決定係数	0.836			
F 値	4800			
自由度	2805			

「多摩出発ダミー」は域内移動を除外したモデルと含めたモデルで推計値に違いは認められなかったが,「多摩到着ダミー」は若干ではあるが0.01ポイント上昇している.域内でのニーズの充足が含まれたことによって,多摩地域に移動してくる「人の流れ」の強さがダミーを通しても確認できる.また摩擦係数は1.7余りであり,域内の移動を除外したモデルよりも低くなる.前述したようになるべく域内で充足できるものは域内移動で充足することで,「制約のゆるみ」を作り出し余裕のできた時間価値がもたらす満足度を高めようとする一方で,通勤・通学,ショッピングなど代替不能な行動に関して距離の抵抗に対処するという個々の居住者のミクロ的合理的行動が実証分析によって確認される.

このように域内移動を考慮しないモデルと考慮したモデルの2種類のモデル分析から「人の流れ」のミクロ的合理性の一端が確認できる.居住者は域内で充足できるニーズとできないニーズを賢く選り分け,域内移動で済ます

ことができるか，あるいは時間や交通費をかけて域外に移動するかを合理的に判断して時間と費用の「制約のゆるみ」を作り出し，距離の抵抗を低下させる空間移動の決定をする．さらに場合によっては居住地の変更という目的合理的な行動を選択する．

このミクロ的合理性の判断と決定は「時間価値」の高まりと連動する．女性の社会参加が高まれば高まるほど，距離に関する弾性値 σ は絶対値で上昇するはずである．だから居住地の変更を選択する女性は多くなるし，男性もその意向に従うことになる．女性のキャリア形成と子育ての両立は，居住地選択に重大な要件である．この否定できない事実は都心回帰への流れを一段と加速する．ただし，勤務のフレックス制度の普及，シェアオフィスやテレワークなどの「働き方改革」，女子の進学率の一層の高まり，年々高まる輸送力の向上は弾性値を低下させる効果をもつ．こうして引力と斥力の二つの力が住民のミクロの合理性と相まって「人の流れ」を左右してゆく．

おわりに

23区と多摩地域の2地域間の空間的相互作用を，昼夜間で日常的に発生する「移動人口」に焦点を合わせて実証分析してみた．送り出す地域人口と受け入れる側の人口は事業所が集積する都心部とその他地域の関係を考慮すれば，当然「非対称性」を持つのだから同一の変数ではなく違う変数になるはずだ．かつて都市・地域分析においては人口の要素を深く吟味することなく引力（グラビティ）モデルで人口の流れや相互作用を予測してきた．大きな地域ブロックを対象に，それぞれの地域ブロックが抱える人口の相対的大きさと距離を変数にして各地域ブロックの「支配領域（あるいは商圏）」を確定しあう場合の一時接近としてかなりの予測力を持っていた．しかし，一方的に昼間人口を吸収する都心部と常住（あるいは夜間）人口を吸収される多摩地域の「非対称の」空間的相互作用を分析するための定式化とデータ解析に

とって，引力（グラビティ）モデルでは不十分である．そのため，分析に用いる人口を昼間人口と常住人口を区別し，発着地域ごとに斤力と引力の差を見るためにダミー変数を付加した．また空間移動のミクロ合理性を観察するために多種多様なニーズを巡って域内充足が可能かどうかの要因も含めたデータセットを2種類作成して実証化に挑んだ．

結果として人口のみが決定要因ではない「相互作用」が浮かび上がってくる．たとえば輸送力の向上がもたらす距離をめぐる摩擦の低下，情報ネットワークや多様な交通モードを活用するミクロ的な合理性や域内でできるだけ種々のニーズを充足させて距離に関して「制約のゆるみ」を作り出す通勤・通学者の目的合理的行動パターンが導出された．

しかしこの目的合理的行動をもってしても，送り出す側である多摩地域に見られる都心回帰現象を止めることができない．居住地を都心寄りにする原因をこれまで検討してきた時間距離の関係のみではなく「人口は職を求めて移動する」という大原則に求めることができるか否か．続く2つの章で検討してみたい．

―コラム―

就活から婚活へ

ひと足早く春を感じたくて，例年になく底冷えのする東京を離れて車を走らせた．東名を沼津 IC で降り，伊豆半島目指して国道 1 号線から 136 号線に移り南下した．駿河湾に面した土肥温泉の近くにある「恋人岬」に行くと，何組もの若いカップルが黄色い水仙や春の草花に囲まれながら春の息吹の中に埋まっていた．途中には，絵馬のような木札が沢山飾ってあり，とうに還暦を過ぎた私たちには，眩しすぎる言葉が躍っていた．

◇就活は有益か無益か

木札に一生懸命に書いたのであろうカップルの言葉を読みながら，ゼミの 3 年生の就活を思った．例年より就活期間が短くなった分，若干の不安を覚える．学生たちは本当に一生を左右する仕事をそんな短期間で決めて

よいのか，大量に押し寄せてくる学生を前に，採用先もよく人物を見ているのか．「人材こそ組織の宝」とよく言う．しかし，真の人材を採用側は短期間でちゃんと識別できるのか．一頃，大学名不問の企業が話題に上った．しかしふたを開けてみたら，採用者はほとんど限定された大学で占められていたという．採用する企業側を左右する「慣性の法則」あるいは前例踏襲主義が作り出す多様性のない金太郎飴的人材だけでは，グローバル化の荒波にもまれる企業の明日はおぼつかない．求める人材とはその程度のものなのだろうか．私のゼミではなるべく先輩の企業には行くな，一人ひとりがパイオニアになれとアドバイスする．ただし，3年生は就活前に何回か「我こそは企業戦士」と自負するOBOGたちに寝る間も惜しんでしごかれる．先輩たちは後輩に「自分の売りが何で，どうしてその企業を志望するのか」を一生懸命発表させる．

就活はとても有益だと思っている．私自身企業勤めをした経験からしても，就活期間は社会を知り自分を知る良い機会だと思う．ただし一年中就活期間にして欲しい．学業を積みながら，これはという時に，企業の人事部の門をたたく．これだと就活と学業を両立できる．しかし，限定された期間に一斉に就活という制度は「無益，無駄，消耗」でしかない．まるでラッシュ・アワーではないか．押し合い，へし合いしていたら，満を持して両者とも自分をPRし，自社をPRしという格好のチャンスをつぶし合うことになる．ネットでのエントリーシート提出合戦がそれに輪をかける．このバカげた状況や制度，あるいは慣習を抜本的に改善しない限り，3年間で30%の新卒者が辞めてゆく実情を改善することはできない．ただでも人手不足の時代．経済界も労組団体も「既得権」にしがみつくだけの無策の極みといってよい．若い人的資源の無駄遣いが国をだめにする．

◇少子化を左右する婚活

日本では，婚姻は子づくりのパスポートである．ところがこの数年15歳から24歳の若年層を中心に非正規率が30%を優に超え低下の兆しが見えてこない．男がまともな職に就いているかどうかで，娘の親が結婚の諾否を決めるのは極めてまっとうなことだ．ところがこの高止まりを見せる転職率，非正規率．「大慌ての就活」で，雇う側も雇われる側も期待と現実のギャップに打ちひしがれる．しかも昔は雇う側に新人を育ててやろう

という気概も余裕もあった．青二才が仕事を覚え，面白くなってくると，
「次はかみさんを世話してやろう」と上司が言い出す雰囲気も職場にあっ
た．そのほんわかムードを一掃したのが，バブルの崩壊とグローバル化を
言い訳にした大幅なリストラ．それで社内の雰囲気もやる気も生産性も上
がったのだろうか．後輩の面倒も見られない，育てられないでは，若者の
中に結婚しようなどという雰囲気も余裕も生まれるわけがない．

　そこで，適齢期を迎えるあるいはその期間が過ぎるのを恐れる若い男女
は，我先に婚活に走ることになる．就活の椅子取りゲームが終わると，次
は婚活の椅子取りゲーム．競争に参加する人数は「素適な椅子の数」より
断然多い．一回でその椅子を手にできた人，駄目もとで何回もゲームに参
加する人．あきらめてゲームを退場する人．晩婚化，非婚化現象がここに
現れる．近頃の若者は元気がないと叱咤激励する前に，先輩たる大人のや
ることはたくさんありそうな気がする．

（細野）

第6章

ダイナミックな都心，スタティックな多摩

細 野 助 博

は じ め に

　東京圏への人口移動が「域外からの転入」として相変わらず続いている．まさに「人口は職を求めて移動する」からだ．しかし，東京圏以外の地方からの押し出す力は低出生率が持続し次第に低下してきている事実を直視すれば，この種の社会増はやがては止まることが目に見えている．とすれば，やがて東京圏内部での移動が主となる．特に，郊外時代に恩恵を被ってきた多摩地域や千葉，埼玉，神奈川の3県から23区への移動は，23区の土地価格の上昇が移動の妨げにならないほどマイルドである限りは継続するだろう．いわゆる人口移動の主流は他府県などからの「東京一極集中」ではなく，まさしく2000年ころから本格化し始めた「都心回帰」となる．

　この居住地の変更という流れとはまた別に，第5章で検討したように毎朝夕に発生するルーティン化した「域内移動」は，空間的近接性の点から継続される．しかし，常住人口の「都心回帰」が進むほど多摩地域では人口減が続くことになるからこの域内間移動も沈静化してゆく．このことに東京圏の鉄道会社は危機感を抱いて大幅投資を控えると同時に，一早くJR青梅線のように都心から遠い路線の間引きが開始することになる．ただし一方では郊

112　第Ⅱ部　東京二都物語

外への人口増加を見込んで複々線化や特急，急行の増設などが計画的に行われてもいる．この動きは今後の産業構造の変化や事業所の立地にも当然連動してくる．これから都心で代表される23区と多摩地域との関係に焦点を絞って産業構造と人口の間で発生するダイナミクスを見てゆこう．

1．経済ダイナミズムを比較する

　23区と多摩の東京を構成する2つの地域について，2009 ～ 2012年と2012 ～ 2014年の2つの期間における事業所数合計に関するスペアマンの順位相関係数 τ を求めた．2009 ～ 2012年の期間で23区は0.945，多摩地域は0.958，2012 ～ 2014年の期間で23区は0.937，多摩地域は0.972と変化している．つまり2つの地域では逆方向の変化が推計された．この意味を考えよう．順位相関係数の推定値の高低がダイナミズムの強弱を暗示する．推定値が低いほど順位の入れ換え，すなわちそれぞれの地域内で順位をめぐる下剋上と言っても良いような順位変動が発生したことを意味する．2つの地域では多摩地域の推定値が2期間にわたって高く，そして上昇傾向を示している．23区はその逆で，多摩地域より推定値は低く，そして下落している．つまり23区で大きなダイナミズムが発生する一方で，多摩地域はスタティック（静態的）な動きしか見えずかつその傾向が強まっている．これは新奇性を好み未来志向の若者を23区がもっぱら吸引する誘因をもつことであり，2つの地域の将来も決定的にする．

　グローバル化の進展する中，23区と多摩地域に見られる事業所と人口の関係に基づく相違から，バブル崩壊後の産業構造の待ったなしの転換を迫られた日本経済を凝縮した姿で見せる．つまり日本全体に引き延ばせば，23区＝首都圏，多摩地域＝地方圏という図式である．さらに説明を加えると，23区では事業ドメインの再定義を踏まえ本社オフィスの高機能化を迫られ見事にそれを実現し，その上で情報化の進展でIT系の新規起業が陸続とかつ地域集

中的に産れている．対して多摩地域では，地価が相対的に安価なため「ものづくり」を中心に広い用地を必要とする工場群を温存しながら，あるいはそれだからこそ若い人材に対する十分なアピールができないまま時代の荒波を堪え忍ぼうとする姿がある．この対照的状況が首都圏対地方圏の対比となって現れる．

例えば民営事業所数の推移を 1986 年から 2014 年まで 2 地域で見ると，23 区の事業所数は 2012 年まで一貫して減少し続け 2012 年に 50 万社で底を打ったが 2014 年には再び上昇に転じた．しかし図 6-1 のように多摩地域では 2009 年にピークを迎え，その後は 13 万社のまま推移している．

これまで多摩地域は，首都圏で用意できる広大な土地と都心への近接性を武器にものづくりの一大拠点として大規模工場の誘致に拘泥し成功してきた．ところが 1985 年のプラザ合意以降開始されたグローバル化の進展で，工場そ

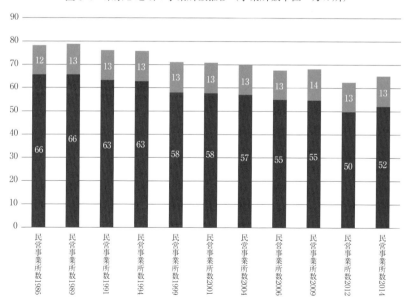

図 6-1　東京 2 地域の事業所数推移（事業所数単位：万カ所）

（出所）RESAS データより作成

114　第Ⅱ部　東京二都物語

のものの内外の別地域へ移転や統合というドラスティックな改編に事業所は大小を問わず見舞われた．そこには高付加価値に裏打ちされる新産業のドメインへの切り替えに手間取り，決断に悩む事業所の姿が垣間見られる．しかしグローバル競争下の生き残りをかけた努力が報われたとは必ずしも言えない．日進月歩で進むイノベーションで昨日の高価なハイテク商品が今日は単なる安価なコモディティに堕してしまう．先手必勝を狙ったスピード感ある意思決定と技術革新力を手に入れることこそ，国際競争の荒波の中で唯一生き残れる道である．ところが決定に手間取り投資に躊躇してチャンスを失いこの荒波にもまれてなすすべもない日本の産業の姿が至る所散見される．中途半端に大きな国内市場が確保されているための日本企業の逡巡ともいえる．多摩地域も当然その範疇に入る．こうしてモノづくりの現場としての多摩地域は，司令塔である23区の本社との接点が希薄なのかあるいは鈍感さのゆえなのか，23区と明暗を分けてしまっている状況にある．

　以上のような概観を前提に，近年の23区と多摩地域について産業の構造上の変化をもう少し踏み込んで検討してみよう．

　23区においても2009年から2014年までの間で表6-1の合計で見るように事業所総数は波を打っている．すなわち減少の後再び増加傾向を示している．事業所は規模の大小によらず，当然淘汰と新陳代謝に否応でも見舞われる．「大きすぎて潰せない」は大企業を対象にした政治的判断である．99.5％が中小零細企業で構成されている日本では，事業承継，投資の失敗，清算も含めて全国一律に多産多死から事業所数が波打つことになる．また日本は韓国と同様，企業に規模分布は裾の長い（ロングテール）分布を示す．つまり圧倒的に少数の大企業と，圧倒的に多い中堅企業，中小，そして零細企業で構成される．そして中堅以下のほとんどの企業が大企業依存型の親―下請け―孫請けといった階層的取引構造になっている．それと同時に大企業の本社機能は23区に集中していることも併せて考える必要がある．

　再び表6-1を見るとわかるとおり，23区のうち港区，中央区，千代田区，新宿区，大田区の5区がトップクラスを形成し，中央区と港区が覇を競う形

第 6 章 ダイナミックな都心, スタティックな多摩 115

表 6-1 23 区の事業所数の変遷

市区町村名	事業所合計 (2009)	市区町村名	事業所合計 (2012)	市区町村名	事業所合計 (2014)
港区	42458	中央区	37333	港区	39198
中央区	41314	港区	37207	中央区	37749
千代田区	35230	新宿区	32193	千代田区	33904
新宿区	34883	千代田区	32045	新宿区	33387
大田区	33548	大田区	30462	大田区	31066
足立区	28608	足立区	25751	世田谷区	28562
渋谷区	26369	世田谷区	24536	渋谷区	28476
台東区	26344	台東区	23727	足立区	25596
世田谷区	24334	渋谷区	23626	台東区	24305
江戸川区	23225	江戸川区	21301	江戸川区	21511
品川区	22364	練馬区	20194	品川区	21370
練馬区	21769	品川区	20103	練馬区	21060
杉並区	21467	杉並区	19926	杉並区	20301
板橋区	20777	板橋区	18669	豊島区	19782
江東区	19945	江東区	18402	板橋区	19077
葛飾区	19812	豊島区	17911	江東区	18807
豊島区	18731	葛飾区	17779	葛飾区	17658
墨田区	17922	墨田区	16181	墨田区	16745
文京区	15768	文京区	14110	文京区	14165
北区	14787	北区	13366	北区	13453
中野区	14162	中野区	12752	中野区	12756
目黒区	12438	目黒区	10955	目黒区	12035
荒川区	10815	荒川区	9695	荒川区	9769
合　計	547070	合　計	498224	合　計	520732

（出所）RESAS データより作成

で推移する. また, 世田谷区が渋谷区を抜いて順位を着実に上げていて, 前に見たように常住人口も 23 区トップを独占していることも興味深い. 世田谷区に抜かれた「渋谷バレー構想」を標榜する渋谷区のシティプロモーションの効果が今後どう出るかがまだ確認できてはいない. ただし, 世界を席巻するグーグル社の日本法人が六本木ヒルズから新装の渋谷のビジネスビルに転居するという象徴的な出来事もある. かつて世田谷区は 23 区ではベッドタウンとしての機能をもっていた. しかし今世田谷区は, このベッドタウンの特性を活かしつつ, 情報関連や生活関連サービスや医療・福祉の事業所が, 人

116　第Ⅱ部　東京二都物語

口の厚みの恩恵を活かして増加している．結果としてそれが地元の商店街の活性化も支えている．また，多文化共生を標ぼうする池袋を含む豊島区も都心の割には地価が比較的低廉なためか起業しやすく順位を上げている．事業所増加率を 2009 年から 2014 年で見ると，世田谷区，渋谷区，豊島区の 3 区がプラスで，中央区，港区，千代田区，大田区はマイナスになる．これを受けて昼間人口の成長率で見ると，大田区は別として，港区，千代田区，新宿区，中央区がマイナスになっている．これは都心部の地価高騰と他地域の交通利便性向上が一役買っている．

　次に多摩地域の場合を見てみよう．表 6-2 で多摩地域の市町村で事業所数の順位に着目してみると，武蔵野市，小平市，東久留米市，稲城市の順位が継続して上昇していることが見て取れる．都心に近い駅に住宅地のある地域では積極的な駅前開発に努め，高層マンションの他に生活関連の事業所やショッピングセンターなどが新設されている．また府中市と立川市の順位が入れ替わっていることも注目に値する．府中市は駅前の再開発を積極的に進め，中央自動車道の高速インターチェンジを生かした物流の一大拠点でもある．大手電機メーカーや大手飲料メーカーの事業所でも有名である．他方，立川も多摩地域の鉄道を中心とした一大交通拠点であり，また飛行場跡地を活用した工場団地や物流倉庫群も立地している．近年は自治大学校，東京地方裁判所支部など国関連の様々な機関が立地してきたためにその関連事業所も増えている．また郊外型ショッピングセンターや商業型アリーナなどが新設されていることから，府中と比肩する事業所数を誇れるようになった．しかし，まちとしての回遊性が低いためこれといった決定打がない．武蔵野，府中の 2 市に次第に遅れをとりつつある．かつて大企業の事業所も多く西多摩地域の盟主でもあった青梅市の停滞が顕著で，グローバル化の影響を受けて工場撤退などが続いている．青梅市は西多摩地域を代表して南多摩地域の八王子市，町田市，あるいは神奈川県相模原市とともに存在感にあふれていた．大規模画地を切り札に大企業の大規模工場を誘致し，結果としてモノづくり拠点としての地位を長年維持してきた．それがグローバル競争の進展とともに，

第6章 ダイナミックな都心, スタティックな多摩 117

表 6-2 多摩地域の事業所数の変遷

市区町村名	事業所合計 (2009)	市区町村名	事業所合計 (2012)	市区町村名	事業所合計 (2014)
八王子市	19542	八王子市	18384	八王子市	18979
町田市	12666	町田市	11985	町田市	12476
府中市	8069	立川市	7584	武蔵野市	7902
武蔵野市	8016	武蔵野市	7560	府中市	7688
立川市	8015	府中市	7417	立川市	7631
調布市	7072	調布市	6554	調布市	6758
三鷹市	5755	三鷹市	5348	三鷹市	5330
西東京市	5566	西東京市	5103	西東京市	5304
青梅市	4979	青梅市	4600	小平市	4795
小平市	4830	小平市	4490	青梅市	4686
日野市	4769	日野市	4420	日野市	4479
東村山市	4003	東村山市	3677	多摩市	3899
多摩市	3882	昭島市	3649	東村山市	3886
昭島市	3881	多摩市	3551	昭島市	3702
国分寺市	3677	国分寺市	3490	国分寺市	3598
小金井市	3030	東久留米	2900	東久留米	3029
東久留米	2953	小金井市	2845	小金井市	2958
国立市	2754	国立市	2640	国立市	2751
東大和市	2754	東大和市	2559	東大和市	2584
武蔵村山	2601	あきる野市	2469	武蔵村山	2482
あきる野市	2588	武蔵村山	2468	あきる野市	2453
狛江市	2287	稲城市	2133	稲城市	2151
福生市	2252	福生市	2083	福生市	2134
稲城市	2192	狛江市	2078	狛江市	2040
羽村市	2175	羽村市	1988	羽村市	1997
清瀬市	1946	清瀬市	1840	清瀬市	1873
瑞穂町	1645	瑞穂町	1556	瑞穂町	1642
日の出町	666	日の出町	688	日の出町	729
奥多摩町	309	奥多摩町	280	奥多摩町	289
檜原村	166	檜原村	143	檜原村	144
合計	135040	合計	126482	合計	130369

(出所) RESAS データより作成

誘致した大規模工場などが櫛の歯が抜けるように国の内外に移転し出した.
青梅市の停滞は当然, 大工場に隣接する取引相手だけでなく, あきる野, 羽
村, 福生などの近隣3市の取引相手に与える影響もかなり大きい. またトッ

プの地位を守り続ける八王子は，圏央道と中央道の結接点であると同時に大学も多く集積している．この好立地をこれからも十分に活かせるかどうかが問われている．近年研究開発拠点化への動きが出てきている上に，唯一の中核市であることもあるが多摩を代表して他地域を牽引できるか，その力量が問われ出している．

　グローバル競争で生き残りをかけて国内事業所の整理統合に突き進む大工場や大規模事業所に近接する中小規模の取引相手にとって生死を分けるような事態が生じている．取引相手に付きしたがって，国内外に事業所を展開してゆくか，あるいは統合先に新たな事業所を新設するか，それに伴う新規投資のリスクを嫌い別の取引相手を国内に求めてゆくかの難しいかじ取りをしなければならない．日本のモノづくりを足元から支えてきた製造業を中心とする多摩の事業所の多くは，今岐路に立たされている．

　これまで23区と比較して多摩地域は地価も人件費も比較的安く事業コストも低いことを好条件として，事業所数の増加によって人口増加を計ることが相対的に容易である．さらに女性の社会参加率が高くなり，子育てとキャリア形成が両立できる地域が居住選択に大きく影響を与えることから「都心回帰」が若い世帯を中心に起きていることも確認できた．であるとすれば，早晩事業所の誘致や創設のために多摩地域の各市が単独あるいは連携して単機能のベッドタウンから脱却し，職住近接の文字通り「自己完結型都市圏」の形成を目指すべきだ．需要の規模が世界的にも絶対的に大きい23区に国内の他地域では比肩できない近さにある有利性を活かすべきだ．多摩地域は輸送力が年々強化され通勤・通学に便利なうえに自然環境にも優れた地域であることを早く自覚し「自己完結型」の自立的地域の可能性を再確認する必要がある．

　現在多摩地域では，地盤の良さから災害時の事業継続計画（BCP）の観点でデータ管理センター，そして自然環境の良さから研修センターなど事業所の新規立地が継続している．ところがデータ管理センターや研修センターなどの事業所を新増設する土地活用では，直接の雇用増加にはあまり繋がらな

い．課題としては多摩地域の高学歴の女性も含めて都心通勤が必要にならないような「働く場」の増加が実現できる事業所の新設が望まれる．徒らに都心をうらやむのではなく，多摩地域ならではの「子育て環境の良さ，災害に強い地盤」と言った魅力を多摩地域の自治体も相互に連携しながら発信してゆけばよい．その効果的な発信力を持たずに，地盤の強さや肥沃な土地に恵まれたことから国府がおかれ国分寺の地名も残されている多摩地域が豊富な歴史文化の蓄積があることをシビック・プライドとしてもたずに，いつまでも23区の後塵を拝していたら「将来賭けるべきチャンス」を求める気概ある若者から先に出てゆくことは火を見るより明らかだ．それは多摩地域の衰退を今以上に加速する．むしろ23区と「ツインシティ」の関係であることを内外に主張する時なのだ．

2．空間的集中の効果

　23区と多摩地域の面積を比率にすると，1：2となる．人口の比率が逆に2：1だから，人口密度は4：1となる．この密度の高低が地域の魅力に反映する．個人の獲得できる所得実績がその代表例だろう．23区と多摩地域の統合データで一人当たり所得と産業大分類別事業所数と昼間人口密度との相関係数を求めると，情報関連，金融保険，不動産，学術研究技術，教育サービス，福祉・医療などの都市型産業が高い．正の相関を示した都市型産業の多くは，昼間人口が稠密で多種多様な業種が集積することで昼間需要の他に機会費用や取引費用が低下する数々のメリットを享受できる．そのメリットとは具体的にどのようなものかをこれから検討する．それは前述の「相互作用モデル」を別の側面から検討することでもある．

　日進月歩の技術革新は輸送手段の多様化と高速化・効率化を通じてヒト・モノの移動コストを格段に安価なものに変えた．と同時に，情報革新で通信機器の低廉化，情報関連の新サービスビジネスの誕生とその成長，情報ネッ

トワークの拡充を通じて情報の受発信コストを格段に低下させた．これらは，人々が分散しながら協働する環境の条件をすべて満たすように思われる．しかし，事実は逆の方向に動いている．「東京一極集中」あるいは地方ブロックごとに札幌，仙台，名古屋，福岡など「地方中核都市」に人口は集中傾向を示している．移動コストや情報コストが低廉化してもそれが分散協働型の居住パターンを保証するわけではない．まさに「人口は職を求めて移動する」傾向法則と，「事業所は豊富な人材を求めて移動する」傾向法則が相まって，お互いがお互いを強化する形で相互に活用し合うからだ．その結果，銀座，大手町，丸の内，渋谷，六本木のような限られた特定の空間に，都市型産業の事業所群は集中する．その状況を的確に判断する人も職を求めて移動することになる．

　その傾向法則を熟知していることから，一定の空間に人材が集中することを確認し，各事業所はその有望空間をねらって集中することになる．各業種の事業所が空間集中することが，企業が必要な人材を探すコストと逆に人材が必要なポストを探すコスト，つまり双方の「探索コスト」を時間と空間の両側面から減殺して，結果として雇用の効率的なマッチング実績を作り出す．短時間に相互の思惑を調整するコスト削減効果が高額な地価を反映したオフィス立地コスト上昇分を補って余りある限り，事業所の集中を促進する．まさしく「人口は職を求めて移動する」，「事業所は豊富な人材を求めて移動する」という2つの傾向法則が人々の合理的計算から導かれる．その結果として金融保険，不動産という典型的な都市型産業のほかに，情報関連，学術研究技術といった人材が決定的に重要な産業も，希少な人材を確保するため競争相手より高い賃金を提示する構図が都心のあちこちで見られる．これは全国データで推計した図6-2に見られるように一人当たり所得と各産業との相関係数で確認できる．またこれらの産業は昼間人口密度とも正の相関関係にあることから，「都心型サービス産業」と呼ぶこともできる．

　以上の議論をもとにして人と事業所の空間集中をめぐる相乗効果を東京23区と多摩地域で実証的に検討することにしよう．

第6章　ダイナミックな都心，スタティックな多摩　121

図 6-2　1 人当たり課税対象所得と相関する変量

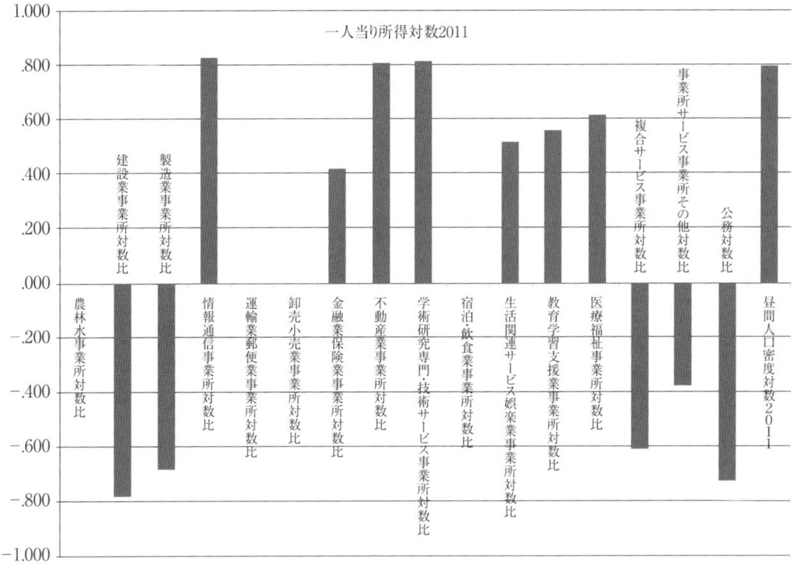

一人当り所得対数2011

農林水産事業所対数比
建設業事業所対数比
製造業事業所対数比
情報通信事業所対数比
運輸業郵便業事業所対数比
卸売小売業事業所対数比
金融業保険業事業所対数比
不動産業事業所対数比
学術研究専門・技術サービス事業所対数比
宿泊・飲食業事業所対数比
生活関連サービス娯楽業事業所対数比
教育学習支援業事業所対数比
医療福祉事業所対数比
複合サービス事業所対数比
事業所サービス事業所その他対数比
公務対数比
昼間人口密度対数2011

（出所）RESAS データより作成

　まず23区と多摩地域の統合データを使い，産業大分類の各業種が2009年，2012年，2014年の3か年で空間的に集中しているか否かを，ハーシュマン・ハーフィンダール指数（HH指数）で比較する．ハーシュマン・ハーフィンダール指数が高ければ高いほど，都内の特定地域にその産業は空間的に集中していることを示す．

　空間的集中度の高低は，ハーシュマン・ハーフィンダール指数の高低で示される．図6-3のように，金融保険，情報関連，学術研究技術といった人材が決定的に重要な産業ほど空間的に事業所を集中する．事業所は希少な人材を限られた空間にプールしようという誘因が働く．また探索コストの低減をねらう人材もそれを望む．

　以上の検討をもとにデータを23区と多摩地域に分離し，それぞれ2009，2012，2014年の業種別空間的集中度を図6-4で比較してみる．

　やはり情報関連，金融保険，学術研究技術といった人材が決定的に重要な

図 6-3 産業大分類業種別事業所の空間的集中度（2009, 2012, 2014 年）

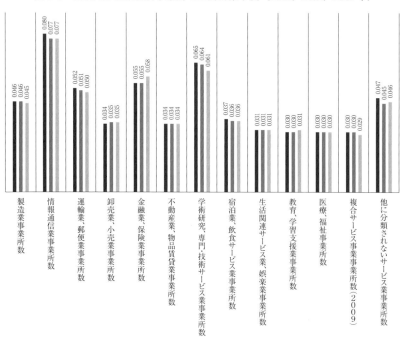

（出所）RESAS データより作成

　都心型産業は 23 区の方が多摩地域よりも空間的集中度が高い．他方，製造業，不動産，宿泊・飲食，生活関連，教育・学習，医療・福祉などは 23 区より多摩地域で空間的集中度が高く出ている．多摩地域は人口密度が 23 区に比較して約 1/4 なので地価が比較して安いこともあり，製造業のように土地を集約的に使う必要のある業種と，駐車場も完備して広い地域から車を使う顧客や電車等を使う顧客を狙う生活関連型業種が多い．またある面では，迷惑施設と見られかねない，あるいはプライバシーにも関わる微妙な要因も多々ある介護福祉や病院といった業種の立地も多摩の特定地域に多い．

　以上のデータを吟味した上で，ここで一つの仮説を立ててみよう．それぞれの業種で共通する特徴をもって企業は様々な事業チャンスや諸コストを勘

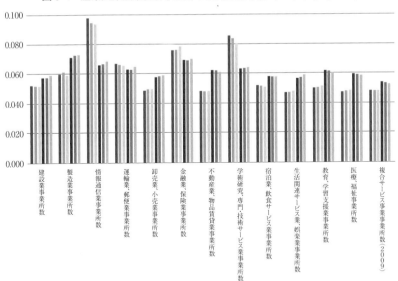

図 6-4 産業大分類業種別事業所の空間的集中度（23区，多摩地域）

■ HH指数(23区2009) ■ HH指数(23区2012) ■ HH指数(23区2014) ■ HH指数(多摩2009) ■ HH指数(多摩2012) ■ HH指数(多摩2014)
（出所）RESASデータより作成

案しながら立地を選択する．たとえば流行に左右されやすいアパレル産業の事業所は，不確定な市場ニーズを獲得する取引コストの削減と業務が多岐にわたる職人の「人材プール」を確保するために空間的集中が必要になる．このような産地は労働人材への超過需要からくる賃金上昇といったリスク軽減も業界横並びで容易になる（ただし，ことの是非をここではあえて問わない）．他方，新たな事業所での職を求める人材（訓練に対して弾力的に対応できる新卒，チャンスを求める即戦力や特定スキルの持ち主など）も，狙った事業所や職種が空間的に集中しているならば次の職場を求める探索コストも移動コストも節約できる．たとえ第1希望で成功しなくても第2，第3の候補も時間をおかずに検討できる可能性は十分高い．産地という狭い空間だからこそのぬくもりもいたわりもそこにあるのかもしれない．ただし，息詰まるような相互牽制の地域風土も否定できない．

124　第Ⅱ部　東京二都物語

表6-3　23区と多摩地域の各産業の雇用弾性値と空間的集中度

地域	雇用弾性値				ハーシュマン・ハーフィンダール指数			
	23区		多摩地域		23区		多摩地域	
年	2009年	2014年	2009年	2014年	2009年	2014年	2009年	2014年
農林漁業	1.381	1.272	0.890	0.948	676.25	867.54	678.98	661.98
鉱業, 採石業砂利採取業	1.633	1.643	2.004	1.114	2298.59	2235.89	981.21	884.77
建設業	0.486	0.588	1.099	1.100	587.80	603.22	611.84	622.76
製造業	0.776	0.788	1.191	1.262	676.82	628.27	666.72	679.02
電気・ガス・熱供給・水道業	1.454	1.472	1.737	1.654	990.13	1306.89	1194.11	1282.27
情報通信業	1.396	1.393	1.372	1.345	1218.26	1198.00	874.03	931.30
運輸業, 郵便業	0.781	0.874	1.120	1.211	683.17	750.52	582.96	646.28
卸売業, 小売業	1.558	1.527	1.240	1.228	660.36	701.83	637.81	625.19
金融業, 保険業	1.507	1.343	1.264	1.236	1652.84	1572.83	792.73	795.34
不動産業物品賃貸業	1.529	1.553	1.100	1.066	713.13	757.88	628.01	653.00
学術研究, 専門・技術サービス業	1.181	1.255	1.100	1.126	1080.67	1150.55	588.44	631.01
宿泊業, 飲食サービス業	1.360	1.401	1.124	1.135	647.77	625.26	654.06	653.13
生活関連サービス業娯楽業	0.836	0.868	0.984	1.025	554.20	558.40	606.01	606.90
教育, 学習支援業	1.223	1.137	1.163	1.158	628.00	591.92	688.23	713.55
医療, 福祉	0.985	1.009	0.884	0.881	490.46	502.50	592.16	582.97
複合サービス業	1.186	1.640	1.095	1.283	557.89	740.20	520.61	709.09
その他サービス業	1.469	1.579	1.344	1.400	934.89	950.52	815.24	798.05
公務	1.453	1.393	1.388	1.440	1751.15	1778.67	638.70	731.55
平均	1.230	1.260	1.230	1.200	933.47	973.38	708.44	733.79
標準偏差	0.320	0.310	0.270	0.180	485.86	468.30	162.83	162.27

（出所）RESAS データより推計

　こうして，事業所も労働力も空間的集中を累積化する．このメカニズムが実際に働いているかどうか．これからデータで明らかにしてみる．まず，表6-3で雇用弾性値（事業所数が1％増加したときに，何％従業者数は増加するか）と事業所の空間的集中を示すハーシュマン・ハーフィンダール指数を2009年と2014年について23区と多摩地域で18業種（産業大分類）毎に比較する．

　まず，平均値で比較すると，雇用弾性値は23区では0.03ポイント上昇しているが，多摩地域では0.03ポイント下降している．多摩地域の大学に在籍している新卒のたかだか4％程度しか当該地域の企業に就職してくれないと担当者は嘆くが，そもそも立地している事業所の雇用意欲がそれ程大量の人材を吸収しきれないことも忘れてはならない．平均値でみるとハーシュマン・

ハーフィンダール指数は両地域とも上昇を示していて，全体的に両地域で空間的集中の傾向が高まっていることがわかる．雇用弾性値もハーシュマン・ハーフィンダール指数も二地域の平均よりも高い産業は網かけして示したように23区では鉱業，情報産業，金融・保険業，公務の4業種であり，多摩地域ではエネルギー（電気・ガス・熱供給）・水道，情報通信業，金融・保険業，その他サービスの3業種である．第5章で確認したが人口では23区はむしろ集中から分散に向かっているが，交通の利便性で劣る多摩地域では人口もある限定された地域に空間的集中傾向を見せている．そのため，多摩地域では事業所も人口もある特定地域へ空間的集中の傾向を見せている．交通の利便性が相対的に低いことが底流に潜んでいるからだ．いわゆる「三多摩格差」と永年言われ続け一向に解決できない課題だ．

　さて，事業所数の雇用弾性値 ε を被説明変数にし，産業ごとの事業所の空間的集中を表わすハーシュマン・ハーフィンダール指数 η を説明変数とする両対数回帰分析モデルを2009年，2014年の2ヶ年で計測する．空間的に集中するほどハーシュマン・ハーフィンダール指数 η は上昇する．雇用弾性値 ε は各産業の事業所数が1%増加した場合に従業者数は何%増加するかの推計値である．この2つの計数値を使って，両対数推計モデルは

$$\log(\varepsilon) = \alpha_0 + \alpha_1 \log(\eta)$$

となる．なお，推計のためのデータは，2009年と2014年の2ヶ年，同時に23区と多摩地域でも比較するためにデータセットを2地域に分割する．

　まず東京都一本で2時点での比較を行ってみよう．表6-4(a)，(b)で示されるように2009年から2014年で回帰係数推定値は低下傾向にあるが，両年とも統計的に有意にプラスの傾きをもつ．それも1%の空間的集中度の上昇で4.2%弱から3.7%弱の間で雇用力が高まることが推測される．

　経年的にみると確かにその弾性値は低下しているが，推計値から事業所の空間的集中が，3から4倍の雇用力増加を約束するという試算が成り立つ．まさに，「人は職を求めて移動する」，「事業所は豊富な人材を求めて移動する」

126　第Ⅱ部　東京二都物語

表 6-4(a)　空間的集中度が雇用弾性値に与える効果（都全体，2009 年）

説明変数	被説明変数　雇用弾性値 2009 非標準化係数		標準化係数	t 値	有意確率
	B	標準誤差	ベータ		
事業所数ハーフィンダール 2009	4.193	1.128	0.538	3.719	0.001
（定数）	0.886	0.102		8.690	0.000

（出所）RESAS データより推計

表 6-4(b)　空間的集中度が雇用弾性値に与える効果（都全体，2014 年）

説明変数	被説明変数　雇用弾性値 2014 非標準化係数		標準化係数	t 値	有意確率
	B	標準誤差	ベータ		
事業所数ハーフィンダール 2014	3.669	0.995	0.534	3.687	0.001
（定数）	0.919	0.093		9.921	0.000

という 2 つの傾向法則がもたらす相乗効果が統計的にも有意に確認される．図 6-5(a)，(b)のように明示的にこの 2 つの傾向法則が約束されることによって，事業所が集中する特定地域が他地域に対して「累積的優位性」を獲得し，人口減少時代のなかでも人口と事業所を引きつけることが確認できる．これは第 1 章で述べたように特定地域の付加価値を増加させ必然的に新たな投資を呼ぶことにつながる．新たな投資は都市の社会インフラを充実させ，魅力を追加させる．こうして，経済的にも景観や環境的にも他を圧し，引き離す特定地域が現れてくる．山の手線主要駅を持つ土地利用の高度化と洗練性を追加できた地域だけが累積的な勝ちをおさめることが予想される．

　つぎに 23 区と多摩地域にデータを分割して同様の回帰分析をする．二つの地域でどちらが特定地域への集中と集積が効果的に現れるかを比較するためである．まず表 6-5(a)，(b)に示されるように回帰分析から得られた事業所の空間的集中の効果は，多摩地域が 23 区より両年とも高い．特に多摩地域では事業所の特定地域への空間的集中の弾性値が 13.5 と 2009 年で極めて高いこ

とに注目すべきだろう．多摩地域はすでにモノづくりの中小企業集積地域として定評がある．情報産業や小売業などその他の産業においても，さらに特定地域に集中することで雇用の創発が起こりうることが示唆される．さらに，

図 6-5(a) 空間的集中度が雇用弾性値に与える効果（都全体，2009年）

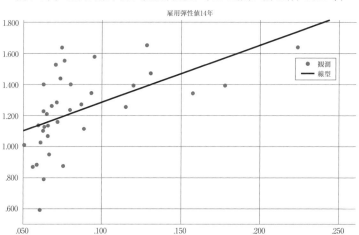

（出所）RESAS データより作成

図 6-5(b) 空間的集中度が雇用弾性値に与える効果（都全体，2014年）

128　第Ⅱ部　東京二都物語

表 6-5(a)　空間的集中度が雇用弾性値に与える効果の比較（2009 年）

地域	説明変数	被説明変数　雇用弾性値 09 非標準化係数		標準化係数	t 値	有意確率
		B	標準誤差	ベータ		
23区	事業所数ハーフィンダール 09	3.568	1.383	0.542	2.580	0.020
	（定数）	0.900	0.146		6.184	0.000
多摩地域	事業所数ハーフィンダール 09	13.541	2.386	0.817	5.675	0.000
	（定数）	0.268	0.173		1.548	0.141

（出所）RESAS データより推計

表 6-5(b)　空間的集中度が雇用弾性値に与える効果の比較（2014 年）

地域	説明変数	被説明変数　雇用弾性値 09 非標準化係数		標準化係数	t 値	有意確率
		B	標準誤差	ベータ		
23区	事業所数ハーフィンダール 09	3.252	1.432	0.494	2.271	0.037
	（定数）	0.947	0.155		6.120	0.000
多摩地域	事業所数ハーフィンダール 09	8.308	1.827	0.751	4.547	0.000
	（定数）	0.591	0.137		4.304	0.001

工業団地など特定の集積地域に新たに立地してくる事業所も比較的容易にあるいは迅速に域内求職者の雇用が実現できることもこの推定結果は暗示する.

　ただし，両地域とも 2014 年になると弾性値が低下する. 特に多摩地域の場合の低下は 23 区の比ではない. この低下がどのような理由によるのかを検討する. まず 23 区に比較して，多摩地域がモノづくりの事業所に相対的に特化していることにその原因の一端があるようにも思われる. グローバル競争と技術革新競争の中で，高付加価値の製品であっても早期に低付加価値のありふれた製品に変化する可能性が高い. この一連の過程で，製造原価の引き下げが競争力を維持するために必要になってくる. それが雇用マッチング率の低下や非正規労働者の拡大に繋がってゆく. またかつてのように大企業をス

ピンオフする起業家が少なくなっていることも考えられる．この一連の流れに翻弄されやすい構造が多摩地域の産業構造に埋め込まれていると言えよう．

3．集積することの強み

それぞれの産業が求める事業所の空間的集中の効果が約束する雇用力と，単に事業所数の増加が約束する「雇用弾性値」で測った雇用力とは意味が違う．さらに付加価値の増加に寄与する空間的集中の効果が盛り込まれ，その効果がもたらす労働需要の厚みと，その状況をつぶさに観察した潜在的労働力もまた空間的な集中現象を起こす．この種の「累積現象」は誰の目から見ても明らかだ．ポテンシャル（潜在性）とリアル（実在性）とは根本からして異なる．ポテンシャルは人々の認識にとどまるし，実現の確率はだれでも前もって知ることはできない．リアルは違う．現に実在することを誰もが認識できる．しかしこの２つの特性が融合することである種の期待が生まれ次の行動を誘発する．この期待感から人材も事業所も，それぞれ求めるものを獲得するために集中する．この集中集積の過程で，新規投資や新規ビジネスも発生する．それが地域の新たな魅力作りを助ける．

空間的集中集積を実現する戦略は「まちづくり」のコンパクト＋ネットワーク戦略の面とも合致したものである．すなわちコンパクト化はまさしく多様な機能の空間的集中集積を取り込んだ概念であるし，その効果を広域に効果的に一段引き上げるのがヒト・モノ・カネ・情報のネットワーク化だ．これらに支えられて多様性と発展可能性の新たな組み合わせが作り出される．

「国土の均衡ある発展」という経済成長期のグランドデザインは理論的にも実践的にも具体性に乏しいものであった．現今のグローバル化と絶え間ない技術革新の波をかいくぐりながら生き残るためには，個々の企業には規模の経済性，範囲の経済性，ネットワークの経済性の実現が厳しく求められる．このような状況では，いくら狭い国土とは言ってもマクロ経済全体の成果を

「国土全体に均等配分」する政策は現実に逆行する．人口集中，事業所集中による累積的優位性の確保は，地域間競争のもとでは必須条件だ．この条件を企業や産業の偏在性を作り出すから「不当である，是正すべきだ」と異議申し立てをしたり，集中集積を防止するために具体的政策を取り込むことは短絡的すぎる．今迄吟味してきた議論は「単に」資源配分の問題だ．この先にある分配問題とは一線を画す必要がある．資源配分はできるだけ効率化した方が国民全体のパイを大きくする．ただし，そのパイの大半を米国のように一部のトップ層で占有するような「ゆがんだ分配」にもって行かない社会システムがこの次の段階として必要だ．低リスク社会においては，効率性の観点からして東京一極集中それ自身が悪いわけではない．経済成果の地域間再分配などの制度的な修繕を施せばよい．

　ただし今の日本の地方経済をバケツにたとえるならば，「穴がたくさん開いたバケツ」とでも言えようか．東京からいくら資金を湯水のように注ごうが地方に水（ヒト・カネ・情報などの資源）が溜まらない．地方に注がれた水は，みな流れ落ちて結局は頑強な東京の漏れないバケツに吸収される．どうやって地方経済のバケツの穴をふさぐか，東京ではなく，まして霞が関や永田町でもなく，地方が本気になって思案し工夫しなければならない．しかし，地方のバケツに注ぎ込まれる水が枯渇すれば，地方だけでなく東京も疲弊するしかない．東京から注ぎ込まれる水を期待するばかりでなく，自らが水を作り出す待ったなしの方策を地方自身が自力で考える時が来ている．それは多摩地域も例外ではない．

おわりに

　人材と事業所の空間的集中が累積することで，特定地域の優位性が顕著になることがデータを解析する中で見えてきた．と同時に，地域間で「勝ち・負け」が顕在化し固定化する傾向も強固になることが当然予想される．その

第6章　ダイナミックな都心，スタティックな多摩　131

典型例が「東京一極集中」であり，これは地域間競争が作り出す一つの市場
解と言ってよい．この市場解は短期的にはある種の最適性を包含しているこ
とは認める．しかし，さらに厳しくなるグローバル競争の進展や年々高まり
を見せる大震災の可能性の中で，果たして市場解に社会的最適性が維持でき
るのだろうか．多様性に裏打ちされたリスク分散を解の一面に埋め込んでお
く知恵を働かせなければ，いつでも「想定外」の被害を生じさせてしまう危
険性がある．ここに23区と多摩地域とで構成する「ツインシティ構想」の必
要性が浮かび上がる．最近北海道を襲った地震で電力のブラックアウトが発
生した．これも「想定外」と電力会社は言うが，何をもって「想定外」とい
うのだろうか．複雑化した大規模システムの強みと弱みを熟知した上での「フ
ェイルセーフ」を常に対策として最優先しなければならない．確かにかつて
は「スケールメリット」を最優先にした電力計画が世界的に普遍性をもって
いた．しかし，リスク回避と必ずしも整合的ではないことが今回の北海道の
ケースである．再生可能エネルギーも組み込んだ小規模分散型の発電システ
ムで代表されるスマートグリッドなどのローカリティを意識した分散システ
ムのメリットは，インターネットなどのネットワークシステムでも立証され
ている．

　災害大国日本では「想定外」の発生確率を最小にする，2次災害を極力小
さくする計画が公私を問わずあらゆる場面におけるBCP（事業継続計画）を
追求する際の要諦である．雇用環境の改善に向けて空間的集中のメリットは
確かに確認された．しかし，コインの表である一極集中のメリットのコイン
の裏側に「割れやすい卵を一つの籠に沢山詰め込むな」の教訓が隠れている
こともまた事実である．

　ただし，ここで分析したように空間的集中集積のメリットは厳然としてあ
る．この規模の経済性，集積効果を否定することなく，むしろ凌駕するよう
な分散型の多様なネットワークの経済性が作られる経済社会構造のあり方が
今後問われてゆく．それには「ワークライフバランス」も考慮したライフス
タイルのあり方を反映する「働き方」の模索も必要なのだ．それは霞が関（監

督官庁）や大手町（経団連）のトップダウン式の改革から出てくるものではない．住民自らが決定者にならなければならない．

──コラム──

都会と田舎，どちらが支えている？

　都会が田舎を支えているのか，田舎が都会を支えているのか．おそらく相互依存的な関係だが，どちらかというと，都会が田舎を支えている．都会の衰退が周辺に点在する田舎の衰退を生む．農具や肥料や種苗に代表されるように，都会で生まれた技術革新が田舎の食料生産を増加させたことを歴史が証明している．

◇新しい過密と過疎

　ヒト・モノ・カネと情報には「集積が集積を呼ぶ」傾向がある．集積する場所が都会だ．都会は人口規模の拡大とともに，「市場」の規模と数を増加させ発展の天井を突き破ろうとする．「市場の規模が分業を発達させる」と経済学の祖アダム・スミスは述べた．旧来からの職を分離し，関連する新しい職を作り直し，その新しい職がまた関連する職を自分から分割して作り出す．いわば「暖簾分け」が次々に繰り出される．

　戦後日本から，過密と過疎の二語が地域問題から消えたことはない．高度経済成長は工業化を進めた東京と大阪を大都市を中心に過密にした．地方の農村地帯の余剰人口を吸収し，若い人口が減り出生率も急減した中山間部地域を過疎にした．と同時に高地価と高インフレがせっかく地方から都会に集まった若者の出生率に打撃を与え，彼らの人口を過密な都心から郊外（ニュータウン）に移した．やがて，グローバル競争下で地方と首都圏の経済格差はますます拡大し，産業構造の転換に一応成功した東京への一極集中が加速した．

　移動力と人口再生能力のある若者を吸収する「東京」は，子育てに劣悪な環境しか用意していないから恒常的に待機児童数が積み上がる．バブル崩壊にともなうリストラ期を境に都会でも共稼ぎ世帯が主流になり，規制緩和と地価の沈静化とが若い世帯の都心回帰を促した．首都圏に限らず地方の中核都市でも郊外の高齢化と過疎化が生まれだした．これが高齢者の

過密と若者の過疎という新しい問題を生んでいる.

◇近くの地方都市はなぜ必要か

　「消滅都市」を特定化して全国を震撼させた日本創成会議は，人口減少が東京一極集中によって助長されているから是正すべきだと言う．しかし，根はもっと深い．「都会をめざす」移動力のある若者を途中で吸収するべき「地方の都会＝地方都市」がどんどん疲弊しているのだ．これが芋づる式に三世代同居で出生率の高い周辺の田舎を疲弊させる．田舎の産品は品質ではなく，人件費を含む生産コストと輸送費で近郊の産品と競争する．遠い田舎の産品ほど都会との距離がハンディとなる．付加価値を高める有用な情報の量も質も大都会からの距離で遅く小さく低くなる．だから，田舎にとって近くの元気な地方都市が遠くの大都会よりもずっと「重要」となる．

　もう一つ．従業者数でも事業所数でも他の産業との関連は，製造業より商業（卸売業と小売業）のほうが高い．つまり，大きな工場が立つよりも商店街のにぎわいこそ，スマホ販売店や塾，保育などの新しい小売や小さなサービス業を誘い込む．工場のようにある日突然閉鎖されて，東南アジアへということもない．

　しかし，すでに商店街や市街地の衰退で象徴されるように日本中の「近くの地方都市」の多くで若年人口が減少中．若者に用意できるだけの魅力的職場を作り出せていないからだ．若者は将来を約束する地に移動する．「約束の地」は必ずしも大都会に限定できるものではない．誰もが個と個が激しくぶつかり合う競争に長けてはいないし，リスクを取り，強いストレスに耐える強靱さも持ち合わせていない．むしろかけがえのない人生を，ゆったりとゆっくりと過ごしたいと思う人が圧倒的だ．その空間を都会にも田舎にも取り揃えていないところに日本の悲劇がある.

　丙午の劇的な出生数に見られるように，日本人の産児制限能力は世界有数だ．日本創成会議が提唱する目標出生率（2025 年に 1.8，同 35 年に 2.1）に皆が協力するような見事な政策が準備されなければ，2090 年の総人口 9500 万人達成は画餅に帰してしまう.

（細野）

第7章

地価を二極化する人口

細 野 助 博

は じ め に

金木犀の花が辺り一面に香り出す9月下旬，全国の「基準地価」（7月1日に都道府県で，2万強の地点を調査）が国土交通省から発表される．2018年の全国値でみると，バブルがはじけて以来27年下がり続けてきた地価が，住宅地，商業地，工場地など全用途で前年比プラスに転じた．しかし地域毎に見ると地価は首都圏や大都市の都心部で若干のプラス，大都市でも都心から遠い郊外や大部分の地方都市ではマイナスの継続というように二極化しつつある．不動産を「負」動産と言い換えている昨今，23区と多摩地域のデータを使って，その理由を謎解きしてみよう．

1．地価と経済

モノやサービスの価格は需要と供給で大体決まる．一般的に価格上昇で需要量は減少し，逆に供給は増加する．一部の高級ブランド品のように「常に品薄」状態の高い価格設定が顧客からかえって喜ばれるものもある．ところ

で土地は大半のモノやサービスと違い，短時間に供給を増やすことなどできない．ちなみに日本の全国土は 1975 年に 3775 万 ha だったが，2015 年に 3779 万 ha に増えている．火山で新島が誕生したり，東京湾も埋め立てしたりして，40 年間で 4 万 ha 増加だが，年率に直すと日本全体でたった 1000ha しか増えていない．大規模な開発を考えた場合，主な追加的供給は農地からの転用や埋め立てや大規模工場跡地の売却頼みということになる．

　また，中山間地などの耕作放棄地があるといっても，用途は限られる．利活用するには下水道やエネルギーなどの社会インフラの整備も必要だが，その整備にまた時間がかかる．それに土地の価格は，周辺環境にも影響される．土地の価格（地価）くらい利便性を強く反映するものはない．道路一本隔たっただけで需要のない土地は無視される．気候も景観も同程度でも，ブランド名のある土地とそうでない土地では地価は雲泥の差となる．例えば，全米で代表的なビバリーヒルズから，1 本道路を隔たっただけで地価は急降下する．あまりの地価の高騰で立地をしり込みする企業が増えているシリコンバレーも「ブランド化した土地」と言える．

　他方需要は，実際に利活用目的で決まる実需と投資需要からなる．実需と違い投資需要は将来の値上がり期待を反映する．外国資本によるマンションや土地取引は大半が投資需要と考えて差し支えない．日本は可住面積が少ないので，都市計画法による細かな用途規制もある．これは国土面積の 27.4%に当たる都市地域が対象で，住居専用とか，近隣商業地域とか，工業地域とか全部で 14 分類に事細かに分類され用途が制限される．この制限のほか，駅から遠い場所とか，大水で氾濫する危険性のある川沿いとか，南側に高層建築物があって日照時間が短いとか，商用施設の隣地で運搬車のエンジン音がうるさいとか，さまざまなもっとミクロな条件が価格を左右する．その他に景気や金利が影響する．景気が良くなって賃金が上昇すれば，あるいは金利が低くなれば住宅ローンも借りやすくなるし，ワンルームやその他賃貸用マンションや戸建て住宅を投資目的で買う場合も増えてくる．

　近年のマクロ経済的傾向を見ると，地価は大体 9 〜 10 年周期で上下運動を

第 7 章　地価を二極化する人口　137

図7-1　全国の地価変動（前年比）

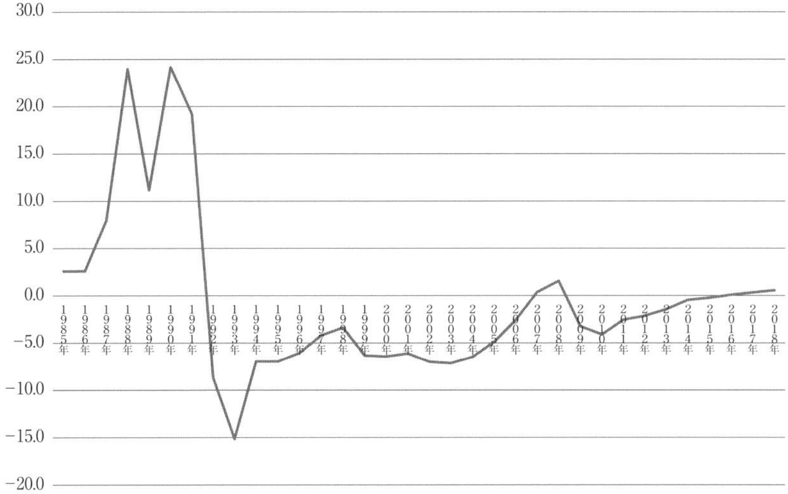

（出所）国土交通省土地関係情報データより作成

繰り返す．たとえば「公示価格」（1月1日に国が2万6千くらいの地点を調査）でその波動を眺めると，バブル崩壊後は2005年に底値を付けて上昇し，2008年にピーク，そしてその年に例のリーマンショックで下降を一気に加速化し，2012年に最安値．今回は2020年の東京オリンピック・パラリンピックの前に一つの山が来る気配でもある．図7-1の折れ線グラフは，土地の価格に対して長期的な視点を持つ必要性を示唆する．

2．地価と人口

　マクロ経済政策，特に金融政策の失敗であるバブルやリーマンショックのほかに，土地と人口もまた興味深い関係がある．まず，面積が2：1の北海道と九州の人口分布をみてみる．図7-2のように，人口分布に際立った違いが出ている．北海道は人口の少ない自治体が「圧倒的に」多く，九州は1万か

ら3万人未満の中堅自治体が多い．北海道はこの規模の自治体が残念ながら少ない．人口50万人以上の大都市になると，北海道は札幌1市で0.6％，それと比較して九州は福岡，北九州，熊本，鹿児島の4市1.7％で北海道の約3倍ある．さらに10万人以上の都市数は北海道で9市，九州で22市である．このことが地域経済のダイナミズムの違いとなって現れる．北海道は札幌へ一極集中しているが，九州に目を転じると北九州，福岡，熊本，鹿児島という「われもわれも」の地方中核となる都市が主役の座を巡ってひしめき合っている．近年双方の地域で大きな地震に見舞われた．復興復旧のスピードや活気の点でどのような違いが出てくるか比較することも重要だ．一強や一極集中は，核となる地域が震災などの「想定外の事象」に見舞われると，その地方全体がおかしくなってしまう．前述したように北海道の地震で，発電時のスケールメリットだけを追求してきた電力システムがブラックアウトを引き起こした．もって他山の石とすべき教訓である．しかしもっと重要なのは，首都圏の他大都市圏も含めてこれを教訓として抜本的な対策が日本全体で開始されているのかどうかだ．

　さて，なぜ九州と北海道を比較の例に出したかは，面積比と関係する．

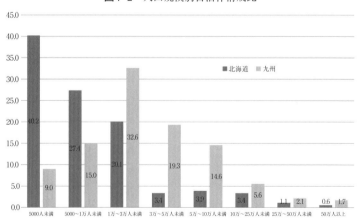

図7-2　人口規模別自治体構成比

（出所）RESASデータより作成

多摩地域と23区は，面積で比較すると北海道と九州と「瓜二つ」で2；1になる．ただし，多摩地域と23区は「隣接」することが北海道と九州との本質的な違いを生じさせる．ここに多摩地域の優位性がある．ここでは，北海道・九州と同じ人口区分で比較するが，図7-3のように多摩と23区とも，棒グラフの最高の区分（最頻値）は10万以上25万人未満と共通だが，多摩の自治体はそのクラス以下の市町村が大半である．比較して23区はそのクラス以上で56.5％だから対照的と言ってよい．人口減少時代を本格的に迎えるのだから，もっと多摩地域の自治体は合併する方向に動くべきだが，いっこうにその気配が見えない．また，二つの地域の人口総数は面積と逆転して，多摩と23区で1:2であることもあり，人口密度は1:4となる．この人口密度の違いが地価に関係してくることをこれからデータで確認する．

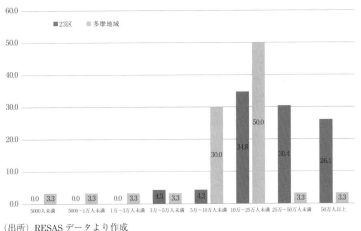

図7-3 2地域自治体の人口規模分布

（出所）RESASデータより作成

まず日本全体の傾向を確認するために，都道府県の人口と住宅地平均価格（平米当たり円）の関係を図7-4のように回帰分析してみる．

この推計結果から常住人口が100人増加すると概算で平米当たり1.59円住宅地価格が上昇することがわかる．人口の集中する地域で住宅地の地価は「確

140　第Ⅱ部　東京二都物語

図 7-4　住宅地平均価格

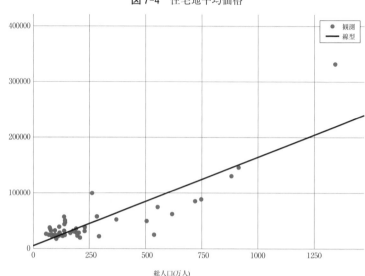

	非標準化係数		標準化係数		
	B	標準誤差	ベータ	t値	有意確率
総人口（万人）	159.435	14.407	.855	11.066	.000
（定数）	5033.493	5486.401		.917	.364

（出所）RESAS データより推計

実に」高くなる．

　同様の分析を商業地で行ってみる．

　図 7-5 から同じく人口が 100 人増加すると概算で平米当たり 3.53 円商業地も価格上昇する．以上の推計から人口増加は商業地では住宅地の 3 倍の効果があり，人口の増加に対して相対的に高く反応するのは商業地ということが確認できる．日本全体で見ても，都心回帰やコンパクト化は中心地の地価を確実に引き上げる．人口は需要を作りだし，供給を支え，まちの賑わいを作り出す重要な役目を持つ．人口減少時代本格化で中長期的には，住宅地も商業地も平均的な地価は下落するという予測が成立する．しかし地価の変動が二極化することの理由はこの分析から得られない．さらに分析を続ける．

第 7 章 地価を二極化する人口 141

図7-5 商業地平均価格

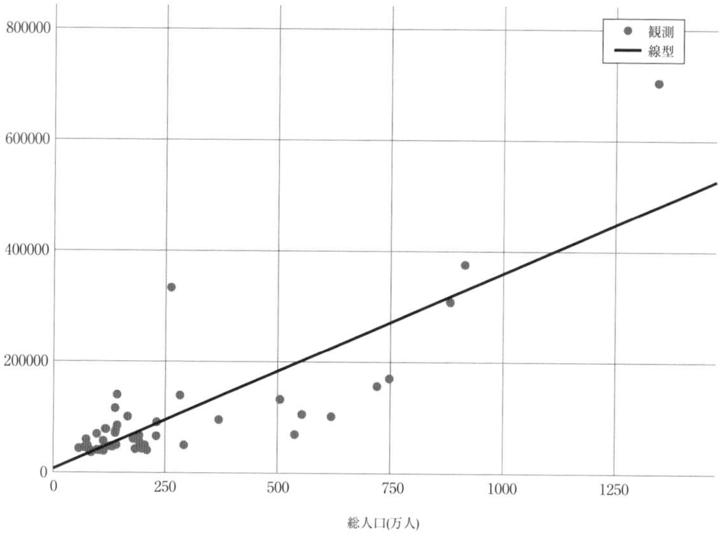

	非標準化係数		標準化係数		
	B	標準誤差	ベータ	t 値	有意確率
総人口（万人）	353.371	36.333	.823	9.726	.000
（定数）	6783.706	13836.127		.490	.626

（出所）RESAS データより推計

3．地価と時間距離

　私たちの日々の生活は，暮らし，学び，働くことで成り立っている．通学
と通勤，ショッピングのために，人々はいろいろな交通手段を使って空間を
移動する．繰り返しになるが，多摩地域から都心へ54万人，23区から多摩
地域に10万人毎日移動している．ところで，だれも平等に1日は24時間だ
が，時間の価値はその人の稼得金額に比例すると考えられる．よく「東京の
人は速足で歩く」と地方の人から聞く．所得が高くなれば無駄な時間を嫌い，
「分刻みで動く」傾向が強くなる．無駄な時間を過ごすと，獲得できる所得が

その分減少すると感じるからだ．同様の傾向を主婦層に注目して分析する．専業主婦と比較して，有業主婦は時間の経済価値が給料明細で目に見える．だから，無駄な時間を極力削る工夫をするようになる．時間が相対的にタイトのこともあるが体力的にもそうせざるを得ない．これは配偶者が家事や育児にどれほど協力してくれるかにも依存する．しかし欧米に比較して協力の度合いは圧倒的に低い．とすれば，第4章でモデル化して説明したように，事業所の多い都心に近いほど有業主婦の住宅需要は高くなる．これは大都市圏ばかりでなく，地方都市でも同様だ．共働き夫婦は職住近接が可能な都心へ移動する傾向がどうしても強くなる．さらに都心は医療機関も揃っているからか，車依存生活も嫌う老夫婦は郊外の一戸建てを引き払い都心へと移動する傾向も出始めている．その上に企業の事業所も都心に集まる若者や人材の獲得のために都心へ立地を検討し始める．これらの傾向が限られた土地しかない都心の地価を上げる方向に働く．また土地の高度利用を促進させる．しかし地価の変動が地域の魅力のシグナルにもなることに注目しなければならない．

　高度成長からバブル期までの人口が増加していた時代は，国内どこの都市でも人口増加は都市の地価を上昇させ，結果として「郊外へ移動」を促す要因として働いた．また人口移動に合わせて学校などの公共施設も郊外に移動，あるいは新設された．当時の子育て世帯の大半が，子供の成長に合わせて部屋数を増やすことと，住宅ローンの負担軽減を合理的に考え郊外の広い住宅を求めたからだ．「もう一部屋のために」子育てを専業主婦の妻に任せ，配偶者である夫は長くなった通勤時間に耐え住宅ローンと教育ローンの返済に汗水を垂らして奮闘することを厭わなかった．賃金上昇が当たり前の「明るい時代」の一コマである．とくに専業主婦は通勤時間は殆どゼロだから，余った時間を子育てや家事の時間に自由に回せた．郊外ニュータウン住民の典型的ライフスタイルである．バブル崩壊後は，若い世代を中心にこれ迄のライフスタイルを維持するために共働きが一般化した．平均賃金の下落で比較的年齢が若い世帯は専業主婦より有業主婦を選択せざるを得なかったからだ．

当然，家事・育児の時間は削られる．育てる子供の数もその分減らすしかない．結婚という子作りパスポートを手に入れた若いカップルは，所得が高くなるほど時間価値は上昇してゆくので子供の数よりも子供の質（とくに授ける教育期間）に目を向けることになる．こうして，都心を主とする稼ぎの場，そして子供の数が減った分だけ大切になる子育ての場，日々の暮らしを支える住まいの場で構成される「時間距離の三角形」のどの距離を短くするかが彼らにとって重要な問題になった．

男女問わず正社員数は極力抑制され，その分彼らの勤務時間は長くなる一方だ．人口の集まる大都市地域ほど，待機児童問題は一向に解消されない．そこで時間距離節約の窮余の策は，ダブルインカムの強みを生かし，若干割高の都心の高層マンションへとなる．こうして都心や都心により近い場所の需要は上昇し地価を押し上げる．だから，若い人たちにも，また孫の養育の手助けをしたい一部の高齢者たちにも，医療機関が揃う都心から遠い郊外は敬遠されることになる．

4．データ分析が教える現状

この土地需要の二極化をデータで確認する．議論してきた居住地選択を決定する行動仮説にしたがい昼間人口密度に着目する．高い昼間人口密度は，より都心に近いか繁華街に近いか，郊外ならば駅前に近いかを間接的に示す．図 7-6(a)(b)は 23 区と多摩地域のデータから昼間人口密度と住宅地平均価格（平米当たり）の関係を回帰分析を用いてグラフ化した．23 区のデータで分析した図 7-6(a)では横軸の最高がキロ平米当たり 8 万人，多摩地域のデータで分析した図 7-6(b)では横軸の最高が帰路平米当たり 1.5 万人であることにまず注目する．昼間人口密度の違いが都市の構造の違いとなって現れる．

この二地域の回帰分析から，23 区で昼間人口密度が 1000 人増加すると住宅地の平均価格は概算で平米当たり 2.33 万円上昇し，同様に多摩地域の住宅

図7-6(a)　23区の昼間人口密度と住宅地の地価の関係

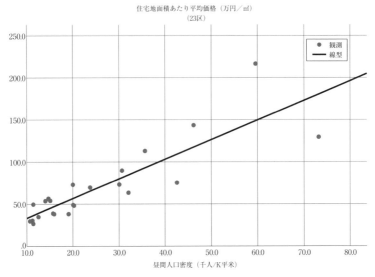

（出所）RESASデータより推計

地の価格は2.91万円上昇することが示される．

　この地価上昇をめぐる二地域の分析結果の違いを絵解きしてみる．まず，多摩地域のような一戸建てや低層マンションではなく，23区では地価が高い分，タワーマンションなど土地利用の高度化が進んでいる．都心回帰してくる若い世帯の住宅価格や家賃に反映する土地価格の上昇圧力を高度化が若干和らげてくれることを示している．高度化利用による価格調整は人口の都心への新規移動をますます加速化する．とすれば，需要の高い都心を中心にタワーマンションの建設ラッシュはそれを見込んでまだまだ進む．また多摩地域でも，交通も利便で昼間人口密度の高い武蔵野，三鷹，府中，立川近辺の住宅地価格も昼間人口密度の上昇に高い反応を示す．相対的にみて，都心より土地利用の高度化は進んでいないが，これらの地域でも特急や急行の停まる駅前再開発でタワーマンションの建設が盛んになる傾向がある．都心への時間距離が住宅の需要を左右し，それが住宅開発を促し地価上昇となって現

図7-6(b) 多摩地域の昼間人口密度と住宅地の地価の関係

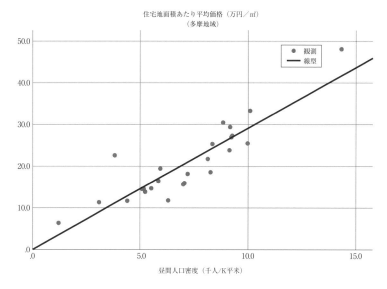

		非標準化係数		標準化係数	t値	有意確率
		B	標準誤差	ベータ		
23区	昼間人口密度(千人/K平米)	2.329	.302	.860	7.720	.000
	(定数)	9.912	9.108		1.088	.289
多摩地域	昼間人口密度(千人/K平米)	2.907	.307	.892	9.468	.000
	(定数)	.035	2.332		.015	.988

(出所) RESASデータより推計

れてきている．都市生活を支える利便性が土地価格を左右することがわかる．

5．地価と商業的魅力

　快進撃を続けるニトリが新宿南口をはじめ銀座に進出というニュースが話題となった．銀座は商業地としては「妖しい魅力を振りまく貴婦人」と言われて久しい．野性味あふれるどんなパワー企業も郊外や地方から進出してき

ても，銀座に入ったとたんに魂を抜かれてしまう「土地の不思議さ」がある．また，日本橋では老舗百貨店，三越と高島屋がそれぞれリニューアルした．他方で，府中や相模原の郊外百貨店がショッピングセンターの攻勢に負け撤退に動き出している．そして軒並み「空き店舗」が増えて自信喪失気味の商店街が多いことも日本各地と同様に常態化している．ところが都心部であろうが郊外であろうが，下町であろうが山の手であろうが，23区の商店街は意外に元気だ．これも「昼間人口」が後押ししているからだ．図7-7(a)(b)のように回帰分析で求めた直線が，23区では縦軸でプラスから出発し，多摩地域ではマイナスから出発している．これは多摩地域ではある程度の昼間人口密度を保っていないと，商業地の平均価格の値が付かないことを示唆している．商業が成り立たないということだから，空き店舗の可能性が出てくる．

　23区の昼間人口密度1000人の増加は商業地の平均価格を平米当たり4.2万円上昇させる．対して多摩地域で5.6万円ほど上昇させる．とすると多摩地域ではテナント料の水準は低いとしても，主要駅周辺の店舗にとって昼間人

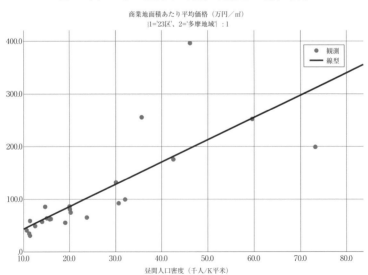

図7-7(a)　23区の昼間人口密度と商業地の地価の関係

（出所）RESASデータより推計

図7-7(b) 多摩地域の昼間人口密度と商業地の地価の関係

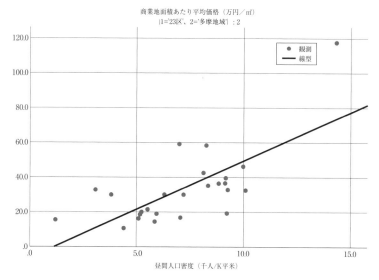

		非標準化係数		標準化係数	t値	有意確率
		B	標準誤差	ベータ		
23区	昼間人口密度（千人/K平米）	4.235	.742	.780	5.709	.000
	（定数）	1.229	22.395		0.055	.957
多摩地域	昼間人口密度（千人/K平米）	5.581	1.186	.700	4.707	.000
	（定数）	-6.987	9.010		-.709	.485

（出所）RESASデータより推計

口が集まるので，テナント料の上昇率は多摩地域の方が若干高くなる．確かに売り上げも伸びるが，テナント料金がその分上昇し募集を難しくする場合も出てくる．高いテナント料金のために個性的な商品を販売するテナントより，ナショナルチェーンのようなテナントが増え，逆に街の個性がなくなるといった傾向が多摩地域で一般化することが危惧される．そして何よりも人口減少により昼間人口密度が低下すると，その分23区よりも地価の下落が大きくなることに自治体は注意すべきだ．

　ついでにこれからまちづくりを考える際に大きなテーマになるであろう中古マンションの価格についても検討してみよう．

図 7-8 中古マンション面積あたり平均価格（万円／m^2）

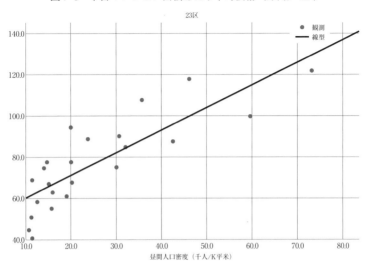

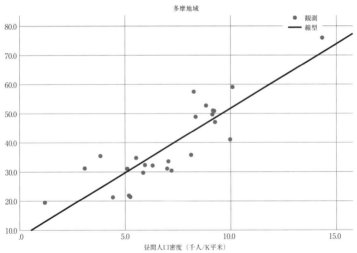

		非標準化係数		標準化係数		
		B	標準誤差	ベータ	t 値	有意確率
23区	昼間人口密度（千人/K平米）	1.097	.162	.828	6.778	.000
	(定数)	49.210	4.884		10.076	.000
多摩地域	昼間人口密度（千人/K平米）	4.417	.527	.868	8.375	.000
	(定数)	7.631	4.006		1.905	.069

（出所）RESAS データより推計

まず，昼間人口密度が統計的に中古マンションの価格に作用していないと想定した場合，定数で示される平米当たりの価格は，23区と多摩地域で7：1の高低差が出る．これには居住に関連する多種多様な魅力差が反映している．当然，住宅地と昼間人口密度の関係で見てきたように，昼間人口密度はそれが高いところは人が集まり価値が生まれてくるために結果として地価を上昇させ，マンション価格を上昇させる．新築であろうと中古であろうと築年数が上昇圧力を左右することは念頭においても，23区と多摩地域では昼間人口密度の上昇がマンション価格に与える上昇圧力は23区と多摩地域で1：4となる．つまり多摩地域の中古マンションの価格は交通や業務上の利便性がある場所では他の場所より上昇圧力が高いので，新たな需要に対してある面では壁となって作用する．さらに昼間人口密度が低下傾向局面に入った段階では，価格低下は23区の比ではなくなることを意味する．したがって，価格の変動を嫌う多摩の住民は，中古物件に対する需要を低下させることになる．

お わ り に

昼間人口密度ではなく常住人口密度でも回帰分析を試みたが，23区については統計的に有意な結果が得られなかった．それ程都心を中心に，昼間人口と常住人口の乖離があるということだろう．しかし多摩地域の場合は，常住人口密度は商業地の平均価格を平米当たり4.0万円上昇させる結果が統計的有意性をもって示された．昼間人口で測った場合とそれほど違いはない．この分析結果の違いが示唆する意味は2つある．第1は，23区の商業地は日本橋，有楽町，銀座，渋谷，新宿，池袋に代表されるように「県をまたぐ」くらいの商圏をもっているが，多摩地域の各商業集積地はせいぜい「市域をまたぐ」あるいはそれよりも狭い商圏でしかもってないということだ．第2は，日本では中古マンションは税制上の恩恵が新築マンションより低いこともあり，市場の取引き適正化がまだの感がある．しかし市場メカニズムは目に見

える形で応分の動きを見せている．だから多摩地域においては，ポテンシャルのある急行や特急の止まる駅前に建てられた高層マンションもたとえ中古であっても，それなりの価格で取引される可能性は否定できない．ただし，価格変動は大きくならざるを得ないことがリスク要因として大きい．

ともかく実証分析から最近の地価変動の二極化は，常住人口密度よりも昼間人口密度できれいに説明される．これは23区と多摩地域のあり様に対する土地市場からの一つの重要な回答であることを行政，企業，住民とも重くとらえるべきだ．

——コラム——

摩天楼のさびしい夕暮れ

　久しぶりに西新宿の高層ビル最上階にあるレストランでフレンチを家族と楽しんだ．そして帰路に就いたが，ウィークデーの21時過ぎなのに高層ビル群を歩く人影のなんという少なさ．そういえば，先のビルの高層階のにぎやかさもかつてのほどでもないし，テナントが去って埋まらないコーナーも見受けられた．この大東京の代表的繁華街にあって，この始末．どうしたのだろうか．

　　◇副都心に林立する摩天楼

　摩天楼と言えばニューヨーク・マンハッタン．エンパイアステートビル，ロックフェラーセンターなどの摩天楼（スカイスクレイパー）を見上げれば，空にいまでも着きそうなくらいで，地上から見上げると空を支える支柱みたいにそそり立つ．日本における超高層の曙光は，1968年4月竣工の霞が関ビルから．その後当時「副都心」と呼ばれた西新宿に3年後の71年に京王プラザホテルが誕生する．このビルに勤めたいから京王帝都電鉄に就職したという強者がいた．その3年後に住友三角ビル，KDDIビル，新宿三井ビルなどと70年代で7棟が建った．80年代は新宿NSビル他8棟，90年代は都庁舎が代表格で10棟，2000年代はモード学園コクーンタワーなど10棟，2010年代に入っても3棟建設以上されている．まだ建設中あるいは計画中のものがあるかもしれない．

旧約聖書の「バベルの塔」にあるように，人は高いところが好きだ．年来の友人メリーランド大学教授はニューヨークの生まれで，ハイアットリージェンシー東京（1980年竣工）に一泊し，隣接の都庁展望台をめざした．西新宿に建てられた摩天楼の多くはオフィスビルだから，朝もビルの前のコーヒーショップに，昼は近くのレストラン街に，もちろん夜は気晴らしと接待で高層階の居酒屋にと，どこも昼夜問わず大勢のサラリーマン，オフィスレディであふれかえっていた．ところが容積率の大幅緩和で，摩天楼の建設ラッシュの波は山手線に沿って分散しだした．しかも先輩霞が関ビル近辺にも摩天楼が林立．しかし次々に展開される摩天楼ブームが先ほどの西新宿のまばらな人影の本当の理由ではない．

昼間人口の大きな割合を占めていた団塊の世代が定年を境に，西新宿を去っていったことも大きな理由だろう．そして新たに追加された若い世代には，団塊の世代のボリューム感はない．そして新しい摩天楼群に「薄く分散して」吸収されてゆく．こうして街は例外なく人と一緒に年齢を重ねてゆく．これが臨海地区に林立する高層マンションの将来とダブって見えてくる．「都心の多摩ニュータウン化」として．

◇つるべ落としの人口減少

総務省が5年に1回の国勢調査の確定値を発表した．日本の人口は1億2700万人余り（2015年10月1日現在）で，5年前から96万人減少した．人口増加率は年平均でマイナス0.15％，ベビーブーム1950年のプラス15％と比較してなんという隔絶感．しかし，この減少率はまだ序の口．女子出生確率は48％，男子に比較して4ポイントも低い．女子人口数の減少と非婚率の上昇は，人口再生産率に大打撃を与える．古くはマルサスが断言したように，人口のダイナミズムは直線的に変化するのではなく，非線形に変化するのだ．人口減少のつるべ落としが今まさに開始されようとしている．これと「75歳以上が10人のうち1.4人」という超高齢化と「大都市だけに人口集中」という人口偏在化が重なる．日昼でも人影がまばらな商店街が地方では珍しくない．たまに老人たちが手持無沙汰に店をのぞき，話し込んでいる姿を目にするだけ．しかし土日のショッピングセンターでは，車に子供と買い物袋を詰め込んだマイカーが出たり入ったりする．しかもより大きなより新しいショッピングセンターに．その周

りを超大型ホームセンターや車用品満載のサービスセンターが取り囲む．中小型で孤立した古いショッピングセンターは確実に見捨てられてゆく．

　既に全国規模で始まったショッピングセンターの淘汰と，西新宿摩天楼群の夜の閑散とした姿から，都心各地の摩天楼群の「明日の姿」がダブって見える．同時に，人口減少がいたる地域で需要の減退と活力の低下という影を2倍から4倍に，そして次は8倍，16倍にと広げてゆく光景に身震いする．これを杞憂と言って笑い話にする勇気を私は持たない．永田町や霞が関の為政者たちはどう感じ，どう手を打とうとしているのか．日本だけでなく，世界は固唾を呑んで見守っている．

（細野）

第Ⅲ部
多摩活性化にむけての各論

第8章

GIS で描く東京大都市圏の郊外地域の変容

中西英一郎

は じ め に

2015 年に実施された国勢調査では，日本全国の人口が調査開始以来初めて減少となり，今後さらに減少が加速していくことは不可避と見られる．東京大都市圏においてもそれは同様の傾向であり，人口減少社会に対応した地域づくりを急がねば，将来に大きな負担を残すことになる．

このような背景から，本章では，将来の人口減少がどの程度地域経済に影響を与えるかについて，広域的視点から可視化することを試みる．具体的には，まず地域産業を次の二つの軸から位置づける．第一は，モノ・サービスの販売先が地域外か地域内かという観点から分類する「基盤産業（Basic Industry）――非基盤産業（Non-basic industry）」という軸，第二は，モノ・サービスの販売先が，最終的にそれを利用する消費者か，他のモノ・サービスを生み出すためにそれらを利用する生産者かという観点から分類する「最終需要（Final Demand）――中間需要（Intermediate Demand）」という軸である．これら 2 つの観点から産業を位置づけ，地域の産業がどのような特性をもっているか明らかにすることを試みる．中でも，地域の人口が減少した際に最も大きく影響を受けると考えられる，「非基盤産業」かつ「最終需要」の

産業を非基盤の "Non-Basic" と，最終需要の "Final Demand" の頭文字を取って「NF 産業」と名付け，地域ごとに産業構造がどの程度 NF 産業に依存しているかを明らかにしていく．

また，筆者の所属する研究所の在る東京大都市圏では，東京都特別区を中心とした大きな通勤圏が形成されている．このような中心が存在することによって，周辺地域は域内に産業がそれほどなかったとしても，ベッドタウンとして機能すれば経済的に持続可能である．そこで，地域間の通勤構造を NF 産業への依存度合いに反映させることで，通勤構造も考慮した地域経済の持続可能性を可視化することを試みたい．

1. 人口減少下の大都市圏郊外

都心回帰が起こり始めてから既に20年が経過したが，その現象は収まるどころか，近年ますます加速しているように感じる．行政は「地方創生」を合言葉に，地方都市の生き残りを賭けた戦略策定を急がせたが，その多くは金太郎飴のような個性の乏しい戦略に留まっており，皮肉なことに東京都心部にオフィスを構えるコンサル会社への補助金となっただけのものばかりとなっている．

しかし，厳しい環境に置かれているのは地方都市ばかりではない．これまで人口増加を続けてきた，いわば国内の「勝ち組」であった東京大都市圏においても，はっきりと人口減少の波が押し寄せてきている．その結果，既にいくつかの自治体では，将来の存続に明確な赤信号が灯っている所すらある．東京大都市圏の中でも，選ばれるまち・選ばれないまちが二極化しており，都市の勝ち負けが見えてきてしまっている．置かれている状況は地方都市と同様であり，早いうちに手を打たなければまちの衰退は避けられない．それでも，行政や住民の危機感が薄いのが東京大都市圏郊外の特徴というべきか．危機感が薄い理由は，地方と比べたときに「東京はまだ大丈夫」という意識

第8章　GISで描く東京大都市圏の郊外地域の変容　157

があるのかもしれないし，都心部への通勤者や，地方出身者が多く，地域への愛着や関心が薄いということも影響しているのかもしれない．

　ここで，一つ特徴的な図を示そう．図8-1は，2010年から2015年にかけての人口増減率を地図の色で表すとともに，2015年時点の市区町村ごとの最も通勤者が多い市区町村（自市区町村を除く）を矢印で表している．人口増減については，都心部からほぼ同心円状にグラデーションを描いており，都心から離れるほど減少傾向となっている．ここに通勤先の矢印を重ねると，東京都特別区を最も多い通勤先としている市区町村は，ほぼ人口が増加している一方で，そうでない市区町村は人口が減っている地域が多くなることがわかる．都心回帰によって人口増加の恩恵を受けているのは，千代田区から概ね30km以内の市区町村が主であり，それより外側では，人口増減は都市の活力次第で決まってくる．特に矢印の終点が多く集まっている市区町村は，各経済圏における中心的な都市であり，矢印のリンクを圏域として捉えたと

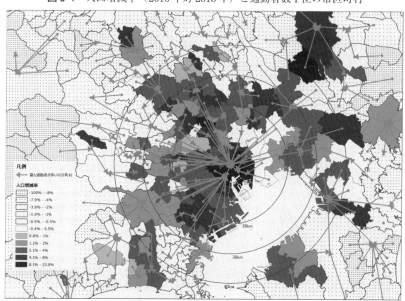

図8-1　人口増減率（2010年対2015年）と通勤者数1位の市区町村

（出所）総務省「国勢調査」より，筆者作成

158　第Ⅲ部　多摩活性化にむけての各論

きの圏域全体の人口増減に大きな影響を与える.

　これまで地域経済を支えてきた製造業の工場や大学の撤退の動きも既に起きている. 1959年に制定された「工場等制限法」により, 都心部への工場や大学等の立地が制限され, かつて郊外に多くの企業が移転してきた. その結果, 郊外に安定した雇用が生まれ, ベッドタウンとしてだけでなく, 「働く場」としての役割が強化された. しかし, 2000年前後から郊外に立地した企業の移転の動きが多く見られるようになった.

　表8-1は, 東京都多摩地域における撤退した主な工場を示しているが, 多摩地域から大都市圏のさらに外延部への移転が相次いでいることがわかる. これは, 多摩地域の地価や人件費が相対的に高いことが背景にある (多摩地域の最低賃金は特別区と同様である). 事業所の完全移転とはいかないまでも, 生産機能はほとんど地方都市にあり, 郊外の事業所は本社と研究開発機能だけという企業は中小企業も含めて多く, 雇用の空洞化が進んでいる.

表8-1　東京都多摩地域の撤退した主な工場一覧

年	工場名	面積	従業員数	移転理由
1962-2004 年	日産自動車株式会社村山工場	140ha	約3,000人	国内集約(栃木県, 神奈川県)
1957-2007 年	株式会社IHI田無工場	9.4ha	約1,000人	国内移転(福島県相馬市)
1964-2011 年	株式会社東芝日野工場	9.8ha	約1,100人	携帯電話事業の譲渡に伴い閉鎖
1966-2013 年	株式会社日立国際電気羽村工場	5.1ha	267人	国内移転・集約(小金井工場)
1963-2014 年	雪印メグミルク株式会社日野工場	2.7ha	158人	国内集約(神奈川県海老名市)
1938-2015 年	日本無線株式会社	6.4ha	2,204人	国内(長野県)・海外移転
1968-2017 年	東芝青梅事業所	12ha	約1,000人	国内移転
1942-2020 年	日野自動車株式会社日野工場	30ha	約2,300人	国内移転(茨城県古河市)

(出所) 東京都 (2013), 「新たな多摩のビジョン」を一部筆者改変

一方，大学の移転は工場とは反対であり，都心部への移転である．郊外の大学は，学生を集めるのが困難になってきている．郊外は時間の流れが遅く，腰を据えてじっくりと勉強するには適しているが，いわゆる「意識の高い」学生の多くは，そのような大学時代を過ごすことに魅力を感じていない．都市の激しい流れの中に身を置いて，学生時代のうちに肌で最新の情報に触れていくことが，何よりも価値のある将来投資になることに気が付いている．学外における様々な経験の提供という点において，都心部のキャンパスは圧倒的な外部効果を享受している．もちろん就職活動を行う際も都心に近いほうが有利だ．郊外は都心に近いからこそ，都心部の引力の影響が減衰せず，直接的に被ることになる．

大都市圏郊外ならではの課題を挙げたが，もともと郊外地域は産業によって「外貨」を稼ぐ力が弱い．ここで言う外貨の「外」とは，「国外」という意味ではなく，より幅広い「地域外」という意味である．一般に，地域経済の循環を考えるとき，地域外に財やサービスを販売することで地域内にお金を還流させることが不可欠である．還流したお金が原材料の仕入れや従業員への給与として地域内外に波及し，それが繰り返されることで稼いだ外貨が何倍も膨らんで大きくなる（これを「乗数効果」という）．主に地域外に財やサービスを販売する企業（例えば製造業や情報通信業，宿泊業など）を「基盤産業」，地域内に販売する企業（小売業やサービス業など）を「非基盤産業」と呼ぶが，オープンな都市の中では，基盤産業なくして地域経済は成り立たない．地域内の需要のみに対応するだけの経済というのは，時間とともに縮小を続け，やがて消えてしまうのである．

郊外地域は，もともと基盤産業が弱い地域である．ベッドタウンであるから，基本的に地域内の住民を対象とした商業やサービス業といった非基盤産業の構成比が高い．それにもかかわらず地域経済が成り立っているのは，地域外に勤めに出る従業者が地域内に外貨をもたらす基盤産業の役割を果たしているためだ．言わば「出稼ぎ経済」の構造となっており，地域内の産業だけでは全人口を養う力はない．そのような産業構造であるからこそ，数少な

い基盤産業が地域外に移転していくということが地域経済へ与えるインパクトは大きくなる．特に，都心部まで距離のある地域ほど，致命傷になりかねないのである．

2．人口減少の影響を強く受ける地域はどこか

ここで，一旦話を転換し，地域の産業構造について掘り下げて考えてみることにしたい．モノやサービスを欲し実際に購入する力のことを「需要」と呼ぶが，需要はさらに「中間需要」と「最終需要」とに分かれる．中間需要とは，別のモノやサービスの生産のために購入されるモノ・サービスの需要のことであり，工場で言えば，材料の購入や製造工程の外注などが該当する．一方，最終需要とは，一般的な家計における消費や住宅の購入，企業・政府の設備投資のための支出などが該当する．この区分上，通常家計は中間需要をもたず，全てが最終需要である．

また，別の区分方法もある．モノやサービスの販売先を地域の内外で分ける方法である．既に述べたとおり，一般に主に地域内にモノやサービスを販売する産業を「非基盤産業」と呼び，主に地域外に販売する産業を「基盤産業」と呼ぶ．「基盤」と「非基盤」の呼び方が逆ではないかと思われる方もいるかも知れないが，地域経済の構造を考えたとき，基盤産業が地域外からカネを地域内に流入させ，非基盤産業がそれを地域内で循環させるという構図を想定するため，外貨を稼ぐ産業が地域経済の「基盤」なのである．

この二つの産業区分を整理したのが，表8-2である．4つのマトリックスに属する産業を例として挙げたが，実際はこの境界は曖昧でグラデーションになっていると考えるべきである．

例えば，飲食店は一般的に非基盤産業に分類されるが，様々な地域から多くの客が訪れる有名店であれば基盤産業になり得る．また，飲食店への支出のほとんどは最終需要として計上されるが，会社が接待などで料亭を利用し，

第 8 章　GIS で描く東京大都市圏の郊外地域の変容　161

表 8-2　産業の区分

		販売先の区分	
		域内（非基盤産業）	域外（基盤産業）
需要の区分	中間需要	（例） • 事業所向け人材派遣業 • 企業城下町内の系列取引	（例） • 輸出製造業 • 法人向けインターネットサービス業
	最終需要	（例） • スーパー，コンビニエンスストア • 飲食業 • 医療，介護サービス業	（例） • インターネット小売業 • 宿泊業，観光産業

（出所）筆者作成

　それを交際費として計上すれば中間需要となる．製造業は，基盤産業に区分されることが多いが，製造業の中でも食料品製造業は比較的販売地域が近く，非基盤産業に分類したほうが良いケースもある．小売業でも，考慮する地域の範囲をどこまで拡げるかによって，基盤産業にもなれば非基盤産業にもなる．結局，全ての業種をこのマトリックスの 4 つの象限内に正確に位置づけることは不可能であり，この 2 軸を用いた産業分類は，連続でグラデーションになっていると考えるほうが自然である．

　それでは，このような産業分類を前提としたとき，地域の人口減少の影響をもっとも強く受けるのはどの象限に位置する産業だろうか．

　まず，基盤産業についてであるが，基盤産業はその定義から地域内の需要とは無関係であり，事業所が所在する地域の人口が減少しても，需要上は影響を受けない．（ただし，労働力の減少に伴う生産量の減少といった影響は当然に考えられる．）

　次に，非基盤産業のうち中間需要としての販売が主な産業についてであるが，こちらは地域の人口減少の影響を受けるが，影響の程度はケースバイケースである．中間需要として販売する先の企業の多くが基盤産業であれば影響は小さいものの，販売先が非基盤産業であれば，間接的に人口減少の影響を被ることになる．

162　第Ⅲ部　多摩活性化にむけての各論

　最後に，非基盤産業かつ最終需要としての販売が主な産業であるが，当然ながらこのカテゴリに属する産業が最も人口減少の影響を強く受けることとなる．人口が減れば，地域内の最終需要が減少するためである．

　この非基盤産業かつ最終需要としての販売が主な産業（以降，非基盤の"Non-Basic"と，最終需要の"Final Demand"の頭文字を取って「NF産業」とする）を明らかにし，且つ地域ごとにNF産業への依存度を算出することができれば，地域の人口減少が地域産業に与える影響力がわかり，まちづくりの戦略策定のために活かすことができる．

　既に述べたとおり，表8-2の4象限に正確に業種を区分することはできない．そこで，業種ごとにNF産業としての性格の強さを連続値として表現することとしたい．具体的には，全国市区町村を母集団とし，夜間人口と産業分類別従業者数との相関係数を求めることによって表現する．地域によって，住民一人あたりの品目別最終消費支出額及び産業分類別の労働生産性に差がないと仮定すると，NF産業の生産額は人口と相関すると考えられるためである．相関係数が高い産業分類は，よりNF産業としての性格が強いことになる．この相関係数を一覧にしたものが表8-3である．

　この相関係数を，市町村ごとに産業分類別の従業者構成比で重み付けして合計したものを「NF指数」と定義する．数式で表すと以下のようになる．

$$NF_i = \sum_j^m \left(r_j \times \frac{L_{i,j}}{\sum_j^m L_{i,j}} \right)$$

　ここで，NF_iは地域iにおけるNF指数を，r_jはj産業の相関係数を，$L_{i,j}$は地域iにおけるj産業の従業者数を表している．NF指数は相関係数の加重平均値なので，必ず-1から1までの値を採る（ただし，算出結果で0を下回る市区町村は存在しなかった）．NF指数が高い市区町村ほど，地域内の最終需要に依存した産業構造となっていることを表している．

　この基盤産業指数を地図上にプロットしたのが，図8-2である．これを見ると，都心3区を筆頭に特別区はNF指数が低く，その周辺部は高くなっている様子がわかる．しかしながら，さらに外延部に離れるにしたがって再び

第 8 章　GIS で描く東京大都市圏の郊外地域の変容　163

表8-3　夜間人口と従業者数の業種別相関係

	業種分類名	相関係数		業種分類名	相関係数
	全産業	0.70	49	郵便業（信書便事業を含む）	0.62
01	農業	0.27	50	各種商品卸売業	0.04
02	林業	0.09	51	繊維・衣服等卸売業	0.19
03	漁業（水産養殖業を除く）	0.04	52	飲食料品卸売業	0.52
04	水産養殖業	0.04	53	建築材料，鉱物・金属材料等卸売業	0.35
05	鉱業，採石業，砂利採取業	0.14	54	機械器具卸売業	0.34
06	総合工事業	0.71	55	その他の卸売業	0.41
07	職別工事業（設備工事業を除く）	0.90	56	各種商品小売業	0.68
08	設備工事業	0.74	57	織物・衣服・身の回り品小売業	0.58
09	食料品製造業	0.68	58	飲食料品小売業	0.95
10	飲料・たばこ・飼料製造業	0.31	59	機械器具小売業	0.90
11	繊維工業	0.40	60	その他の小売業	0.89
12	木材・木製品製造業（家具を除く）	0.30	61	無店舗小売業	0.65
13	家具・装備品製造業	0.34	62	銀行業	0.28
14	パルプ・紙・紙加工品製造業	0.33	63	協同組織金融業	0.66
15	印刷・同関連業	0.50	64	貸金業，クレジットカード業等非預金信用機関	0.22
16	化学工業	0.34	65	金融商品取引業，商品先物取引業	0.09
17	石油製品・石炭製品製造業	0.13	66	補助的金融業等	0.20
18	プラスチック製品製造業（別掲を除く）	0.49	67	保険業（保険媒介代理業，保険サービス業を含む）	0.37
19	ゴム製品製造業	0.29	68	不動産取引業	0.50
20	なめし革・同製品・毛皮製造業	0.26	69	不動産賃貸業・管理業	0.58
21	窯業・土石製品製造業	0.34	70	物品賃貸業	0.52
22	鉄鋼業	0.32	71	学術・開発研究機関	0.28
23	非鉄金属製造業	0.31	72	専門サービス業（他に分類されないもの）	0.24
24	金属製品製造業	0.58	73	広告業	0.15
25	はん用機械器具製造業	0.42	74	技術サービス業（他に分類されないもの）	0.59
26	生産用機械器具製造業	0.57	75	宿泊業	0.39
27	業務用機械器具製造業	0.47	76	飲食店	0.71
28	電子部品・デバイス・電子回路製造業	0.33	77	持ち帰り・配達飲食サービス業	0.80
29	電気機械器具製造業	0.41	78	洗濯・理容・美容・浴場業	0.90
30	情報通信機械器具製造業	0.31	79	その他の生活関連サービス業	0.53
31	輸送用機械器具製造業	0.23	80	娯楽業	0.68
32	その他の製造業	0.51	81	学校教育	0.82
33	電気業	0.33	82	その他の教育，学習支援業	0.82
34	ガス業	0.24	83	医療業	0.92
35	熱供給業	0.14	84	保健衛生	0.63
36	水道業	0.70	85	社会保険・社会福祉・介護事業	0.96
37	通信業	0.15	86	郵便局	0.69
38	放送業	0.21	87	協同組合（他に分類されないもの）	0.50
39	情報サービス業	0.26	88	廃棄物処理業	0.86
40	インターネット附随サービス業	0.12	89	自動車整備業	0.81
41	映像・音声・文字情報制作業	0.17	90	機械等修理業（別掲を除く）	0.61
42	鉄道業	0.49	91	職業紹介・労働者派遣業	0.26
43	道路旅客運送業	0.81	92	その他の事業サービス業	0.45
44	道路貨物運送業	0.78	93	政治・経済・文化団体	0.37
45	水運業	0.15	94	宗教	0.66
46	航空運輸業	0.17	95	その他のサービス業	0.64
47	倉庫業	0.48	97	国家公務	0.20
48	運輸に附帯するサービス業	0.40	98	地方公務	0.69

（出所）総務省「国勢調査」および総務省「経済センサス」より筆者作成

図 8-2　市区町村別の NF 指数

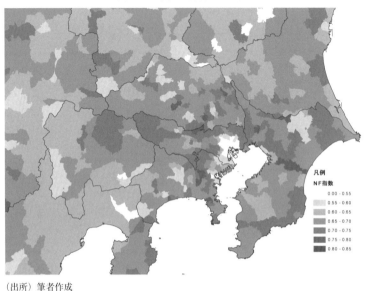

（出所）筆者作成

NF 指数が低下する傾向が確認される.

　NF 指数にもう少し手を加えてみることにしよう．地域間の通勤構造を考慮して，修正を加えることとする．考え方としては，当該市区町村の NF 指数が高くても，その通勤先の市区町村の NF 指数が低ければ，その市の NF 指数は低く評価するべきということである．そこで，次の数式を考える．

$$NF' = c \cdot NF$$

　ここで，NF' は修正 NF 指数ベクトルを，c は地域間の通勤者比率を表す正方行列を，NF は先に算出した NF 指数ベクトルを表す．この修正によって，通勤先までを考慮した修正 NF 指数が求められる．地図にプロットすると図 8-3 のようになる．

　色の濃い修正 NF 指数が高い地域は，「出稼ぎ経済」を考慮してなお，地域内の最終需要に依存した経済構造を持った地域である．人口減少による影響

図8-3 市区町村別の修正NF指数

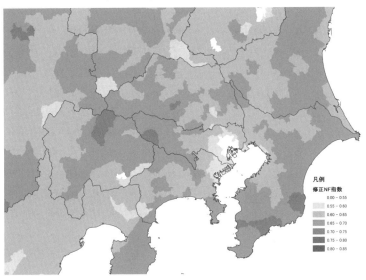

(出所)筆者作成

を受けやすく，将来の経済縮小の可能性が高いと言える．

　やはり都心部は修正NF指数が低くなるが，稼いだ外貨が面的に波及し，都心部に隣接する地域まで指数が低くなることが特徴的である．千代田区から半径約30km以内の地域では，外貨を稼ぐ力が高くなる．

　ここで，東京都多摩地域30市町村のNF指数と修正NF指数を比較してみたい．図8-4(a)はNF指数を横軸，特別区への通勤率を縦軸にとっている．NF指数は，羽村市が最も低く，次いで瑞穂町，立川市，日野市，府中市，昭島市となっている．製造業が多く立地している地域で指数が低くなる傾向が認められる．反対に，清瀬市や東村山市，狛江市，小金井市，東大和市などではNF指数が高い．

　図8-4(b)は，横軸に修正NF指数をとっているが，順番が大きく入れ替わり，特別区通勤率が高い地域の順位が上がる．順位は，上から武蔵野市，三鷹市，調布市，府中市となり，製造業が多い地域は埋もれてしまう．反対に

166　第Ⅲ部　多摩活性化にむけての各論

図 8-4(a)　多摩地域 30 市町村の NF 指数

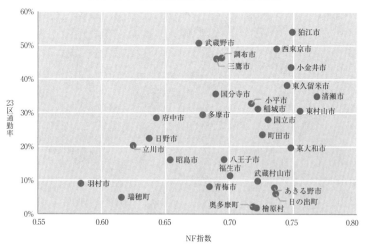

図 8-4(b)　多摩地域 30 市町村の修正 NF 指数

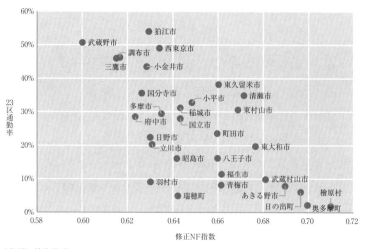

（出所）筆者作成

　低いところでは，檜原村，奥多摩町，日の出町，あきる野市，武蔵村山市と，西多摩地域が目立つ結果となる．

　また，修正 NF 指数と，最初に見た人口増減の地図（図 8-1）は，似通った

図 8-5 修正 NF 指数と人口増減率の相関

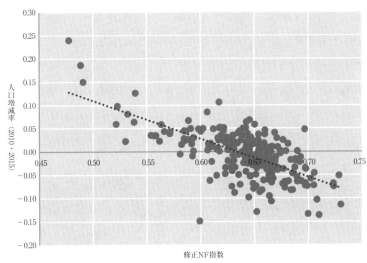

(出所) 筆者作成

傾向を示している．一都三県の修正 NF 指数と人口増減率の関係は正の相関があり，相関係数も 0.665 と高い値を示す（図 8-5）．

おわりに——広域連携による施策展開を

　ここまで，NF 指数・修正 NF 指数を用いた地域産業構造の可視化を試みた．これらの指標を用いることによって，市区町村ごとに地域内の最終需要への依存度を明らかにすることができ，将来の人口減少が地域経済に与える影響の大きさを見積もる一つの手がかりを得ることができる．
　可視化を通じて見えてきたことは，大都市圏郊外地域は総じて NF 指数が高く，夜間人口に依存した産業構造となっている地域が多いということである．しかしながら，一定程度中心から離れると，NF 指数は低下の傾向を見せる．

続いて，通勤者比率行列を用いて NF 指数を修正したのは，地域間の広域的な都市構造を反映させるためであった．特に首都圏郊外地域は，都心部への通勤構造を考慮することが，適切に地域経済の特性を捉える上で必要不可欠である．NF 指数が高かったとしても，ベッドタウンとして機能している市区町村であれば，それを織り込んで評価する必要がある．その結果，中心から離れるにしたがってグラデーション上に修正 NF 指数が上昇する傾向が見られ，外延部に行くほど将来の人口減少を強く受ける産業構造になる様子が描かれた．

さて，ここまで NF 指数・修正 NF 指数を用いて分析を試みたが，いくつか課題が残されている．第一に，夜間人口と従業者数との相関係数が適切に NF 産業としての特性の強さを表現しているかという課題である．消費額や労働生産性には地域ごとに差があるため，相関係数によって表現しようとしているものには必ず誤差が含まれることになる．その誤差が許容可能かどうか，科学的な根拠を持って判断することが必要である．第二に，4 象限に分類した際の NF 以外の象限について定量的に把握する方法がないことである．他の象限についても定量化することによって，地域経済の特性がより明確に把握できることになる．これらの課題について，今後解消していくことが必要であろう．

まちづくりには，空間的な広がりを考慮しながら地域経済を捉えるとともに，行政区界を越えた広域連携による施策展開が不可欠である．しかしながら，首都圏郊外地域は，いわゆる「平成の大合併」の時期に合併があまり起こっておらず，広域的な施策展開に課題がある．特に産業振興施策は，政令指定市あるいは中核市でない限り，基礎自治体単位で行うのは人的資源の面でも予算の面でも限界があるため，空間的に近接している複数の自治体が連携しながら，スケールメリットを発揮していくことが求められる．都市の空間的な関係性を捉えることは，そのための第一歩となろう．

——コラム——

モラルと競争

　一時話題になったハーバード大学の白熱教師マイケル・サンデルの啓蒙著『それをお金で買いますか』は，市場万能主義に対する反論の書である．サッチャー・レーガン時代は反ケインズあるいは「小さな政府」万歳だった．ところで先進国の経済でも，財サービスが市場で取引されるのは全体のたった三分の一で，あとは市場を介さず企業系列内とか，コミュニティ内，家庭内で取引されるという研究もある．

　市場は受給が著しくバランスを欠き，競争が阻害される場合にはとてももろいし，暴走する．小麦不作の噂を故意に流し，小麦の投機に走って暴利を貪ろうとする為政者や，寄り合いの席でいつも商品の値上げの陰謀を企む経営者の事例は，自由放任主義の教祖チュルゴーや経済学の祖アダム・スミスによって指摘されていた．電子取引で瞬時に世界規模の市場（マーケット）決済が行われる現代でも同じ．談合・陰謀・秘匿・詐欺といったモラルを欠く行為が後を絶たないからだ．「公正な取引」は時代を超えた課題だ．

◇優越的な地位の乱用

　ある公取事務総長は談話で，下請け法違反行為に対する勧告は毎年二けたに上り，多くが卸・小売業者や生協で，それも年々増加していることを勇気をもって指摘した．とくにPB商品の製造委託取引が下請法の適用を受けるものであることを十分に流通業界では浸透していない．年に実質可処分所得が1%ずつ下がり，消費支出も0.9%ずつ下がる上に，人口減少と高齢化で国内市場の「縮み方」は尋常ではない．経営はその余波を直接受ける．大手流通業を中心に利益確保の有力手段として，PB商品の開発と販売に目を向けることは至極当然．「縮む国内市場」は各社のシェア競争を激化させる．取引条件を決め，社員の士気に影響を与えるから，シェアの確保は企業の存続も左右する至上命題だ．そのためには価格競争も辞さない．と同時に価格競争で低下する粗利益確保のためにコストの中抜きも必要．こうしてPB商品の開発が進む．厳しい経済環境はどの企業にも共通．だから，PB商品はナショナルブランドの商品もまき込んで競争は

当然のように激化させる．こうしてバイイングパワーを持つ企業による取引先に対する優越的地位の乱用の下地が出来上がる．

優越的地位の乱用で最も多いのが不当な返品だ．契約書なき取引のために泣き寝入り，売れ残りの引き取りなどがこれにあたる．不当な値引きと役務の要請がこれに続く．下位の取引き先はこの要請を拒んだら，将来の取引に際して不利な取扱いを覚悟しなければならない．また，手形の決済が何ヶ月もかかるとか，見本の製作費用さえも下請け持ちなどといった例もある．何かみみっちい気がしてくる．

◇不当な取引は当該産業を萎縮させる

優越的地位のある企業は取引先に犠牲を強いることで，競争力を維持することができるだろうか．短期的にはイエスといえる．しかし，長期には取引する双方にとって必ずしもプラスにならない．グローバル競争や将来が不確実な時代だからこそ，取引にあたって双方が互恵的関係を保持しなければならない．そのためには，優越的地位にある企業には，取引相手が長期的な効率を達成できるような誘引を与えることが必要不可欠でありその道義的義務もある．不当な取引の乱用は，投資機会を弱い相手から奪い，結果として長期的な効率を目指す誘引も喪失する．相手側の優越的地位の乱用で，相手を信用して行う投資のコストが回収されない可能性が増すからだ．こうして取引相手の長期的な効率が損なわれ，優越的地位にある企業の競争力にも評判にも徐々にマイナスの影響が出てくる．長期的なパフォーマンスは，投資誘引が十分に工夫されているかどうかに依存する．繊維産業の下請けが集まる産地で，事業所が軒並み廃業や企業縮小に見舞われ，国内空洞化が急速に進んでいる．これは繊維産業だけの現象だろうか．負のスパイラルを断ち切るために必要なのは，競争よりもモラルなのだ．他の産業も，もって他山の石とすべきではないだろうか．

（細野）

第9章

産官学の広域連携で実践する人材育成

細 野 助 博

は じ め に

　大学進学率の上昇は親の経験値と相まって大学に対する選択眼を確実に高める．そして大学は立地産業であることも一般に認識されつつある．だから大学がキャンパスを置く場所の魅力がなければ，受験生や親から選択されることはまずない．

　バブルが崩壊するまで続いた右肩上がりの「地価神話」が郊外時代を生んだ．住民も大学も都心から郊外にこぞって移動した．定員増加で収入を安定させたい大学は，大学設置基準にしたがい広いキャンパス用地を求める．結婚し子供も大きくなった世帯は少しでも広い家を求めて都心から距離が離れた郊外を求めた．その郊外として多摩地域が代表例としてあげられる．しかし渦中にある住民にも大学にとっても「多摩地域」は次善の地でしかなかった．郊外時代は，都心に隣接する多摩地域に「期せずして」大きな僥倖を与えた．多摩地域の行政が戦略的に大学や住民を取り込んだわけではない．ただ時代の流れがそうしただけだった．

　しかし，バブルの崩壊で首都圏は早々と「郊外時代」を卒業することになる．この間の事情については既に前章までで議論した事であるから繰り返す

172　第Ⅲ部　多摩活性化にむけての各論

ことはしない．ただ，この変化に危機感が薄い多摩地域の自治体の多くは，平成の合併も素通りしてきた．面積が23区の２倍にのぼり，さらに南北の交通網の未発達が輪をかけ，自治体同士も「多摩地域」といったまとまりで考える習慣が昔からない上，近隣同士でお互いライバル視する癖がなかなか抜けきれないからだ．それはある面では至極当たり前の話と言える．ラベンシュタインの「移住の法則」が十分に当てはまるので，「若い世帯」を中心にした住民の取り合いが近接する自治体でお互いに繰り広げられる．住民の転出入は日々繰り返される単なる空間移動ではない．第４章で触れたように平日の都心への通勤・通学といった「移動」ではなく，「移住」という生活の基盤の空間的選択を意味する．だから気ままな「ホップ・ステップ・ジャンプ」ではなく，「家族を巻き込んだ」リスク回避型の慎重な経済的・心理的検討プロセスを踏む重大な決断でもある．

　バブル崩壊後徐々に進む日本経済の構造変化は，家庭から専業主婦の姿を消し，女性の経済的地位を向上させ，それに伴って女性の時間価値を上昇させた．限られた時間の有効活用のために，必然的に居住地として多摩地域ではなく，より都心に近い場所を選択させることになる．若いカップルほど，その傾向が高い．少子化は「より安価でより広い」敷地を約束する郊外の魅力を半減させた．都心マーケットと郊外マーケットの相対的変化は，投資先を変更させる．都心の魅力的なビルや整備が寸断される事もなく粛々と進む社会インフラの充実は，就活にいそしむ多摩や郊外のキャンパスから出てきた学生を「都会の放つ眩しさ，華やかさ」で幻惑させる．

　インターンシップや街づくり体験，いくつもの電車が交錯する駅前予備校を活用した資格獲得を目的とした受験準備，年々減額される親からの仕送りを補てんするための魅力的バイトなど，都心のキャンパス近くで充たされるニーズは豊富にある．かくして受験生の大半は都心の大学を選択する．この動きを見て少子化時代の「生き残り」をかけた都心回帰が，多摩地域は言うに及ばず首都圏近郊の大学でも選択されつつある．特に首都圏の大学は「受験生の全国化」を標榜し，地方に受験場を設けたりはするが，結果的に見る

と入学する7割強は首都圏の若者になりつつある．しかも彼等はおしなべて自宅通学を選択する．これら多くの要因は学生のアクセスに便利な交通インフラの進んだ都心大学に有利に働く．

こうした状況に対処するためには，若者が学びの場所として選択できるように，多摩地域の魅力向上をはかる必要がある．産官学こぞって持てる力を総動員して連携のパワーが発揮できるようにする．そうしなければ「都心との格差」は縮まらない．その際「産官学横並び」の連携を標榜はするが，連携のきっかけや土台作りに投入できる人的資源（学生や教職員）やキャンパス施設を自由に動員可能な大学が自ずと「連携の核」にならざるを得ないことも確かだ．

都心キャンパスの大学を学生が選択する状況が起こってくることが高い確度で予想された．そこで「多摩はシリコンバレーになれるか」と大上段に振りかぶったテーマで，「学長サミット多摩2000」が2000年12月に中央大学の大講堂で開催された．東西に比べ南北の交通が不便な多摩地域に縦串をさすように「多摩都市モノレール」がこの年に開通した．これを記念し，多摩キャンパスの27大学と9市のトップを中心に，関心のある大学関係者，企業経営者，それに市民の人たち約1000名がこのサミットに集まった．すでに兆しが出始めていた若者世代や一部大学の都心回帰に対抗しようと，「大学の地域貢献」をうたった学長宣言をその場で出した．この宣言をもとに，産官学「横並び」で，「魅力的地域づくり」を進めようという目的でできたのが「学術・文化・産業ネットワーク多摩」（以下「ネットワーク多摩」と略称）である．2002年に正式に発足した「地域活性化を試行錯誤で追及してきた」この組織の来し方を振り返り，明日を展望して，今後の産官学連携のあり方と可能性を示してみたい．

1.「ネットワーク多摩」の挑戦 1.0

　バブル崩壊後の「都心回帰」，21世紀の大学教育をうたった「遠山プラン」，大学と地域との間にそびえる「心理的壁」などがネットワーク多摩の連携活動を語る際のキーワードである．学長宣言後ただちに「設立準備会」を立ち上げ「できることから始めよう」をうたい文句に2001年に入ると同時に活動を開始した．多摩地域はおそらく全国のどの地域でも直面している少子化問題点とも共通する諸問題を抱えている．

　多摩地域が直面する諸問題をとらえて単なる大学振興のための組織（いわゆる大学コンソーシアム）ではなく「産官学横並びで地域活性化」をはじめから目指した．だから同種の組織らしきものは全国どこにもない．イノベーティブな活動をモットーにしたため，否が応でも試行錯誤の連続だった．では「ネットワーク多摩」の挑戦とその変遷を概観してみる．

　その挑戦の中身と変遷は，2001年7月に小泉内閣で大学改革を鮮明に打ち

写真9-1 「学術・文化・産業ネットワーク多摩」発会式（2001年）

（出所）以下の写真はすべて「ネットワーク多摩」のアーカイブスによる

出した「遠山プラン」を提唱する遠山文部科学大臣（現在，ネットワーク多摩の「名誉会長」）をお招きした発会式（写真9-1）をスタートとする．そこで打ち出した12のアクションプランがどう実践され，改変され，あるいは廃止されたかの事情を含めて「挑戦1.0」と位置付けて説明する．「①初等中等教育との連携プラン」は，大学生を「お兄さん・お姉さん先生」としてボランティアの要請のあった小中学校に派遣することがメインだった．募集から各学校へのマッチングを含めて省力化するために初期段階から諸手続きをICT化してきたが，学生たちにとって交通費のかかるこの活動は，ネットワーク多摩自体で予算化するには重過ぎた．幸い活動を継続するなかで各自治体にとって必要なものと認識されることになり，予算と権限で裏付けられた加盟市毎の教育委員会事業として移管された．②「高大接続による教育効果の増進プラン」は，進路指導担当の教員ネットワークづくりと，「高校生の大学体験講座」を組み合わせた事業であり，高校生の大学教育への橋渡しができる唯一無二の事業ではあったが，高大での授業時間の調整の困難さや「多摩地域特有の」交通アクセスの不便さから消滅するに至った．近年ようやく高大接続の重要性に関心が高まってきつつある．それは先進国における高等教育のあり方を巡り，従来型の入試制度の抜本的改革と，大学での教育成果を上げるためには高校教育はどうあるべきかが当然問われるからだ．そこで，高大間の情報と認識，そして何よりも目的意識の共有をめざす「高大接続」が望まれる．しかし現在は，高校生の大学への接触は連携組織で実施するものではなく，受験生獲得を目的とする「オープンキャンパス」などの機会を通じて個々の大学の努力で行われている．真の意味での「高大接続」には各大学で単なる受験生獲得を越えたもう一歩の踏み出しが必要とされている．③「地域住民たちのコミュニティ活動や生涯学習の場の提供」は，「多摩・武蔵野検定」として具体化し継続している（写真9-2）．ご当地検定の全国的ブームはすでに終わったが，住民の地元愛あるいは「シビック・プライド」を醸成する試みとして赤字覚悟で継続している．これは全国の大学コンソーシアムでは異彩を放つ事業と言える．この事業の新たな展開は後述するが，首都圏の

176　第Ⅲ部　多摩活性化にむけての各論

写真 9-2　学生・社会人対象の「多摩武蔵野検定」

　インバウンドが10年前の5,6倍に増加していることを見ると，多摩地域の魅力発信について十分な情報提供や，それをビジネスにつなげるための研修手段として十分に活用するためのコンテンツの追加が課題となっている．

　④「地域の活性化や新たな魅力づくりを生み出す支援プラン」は，当初は期待されなかった．近年は専門分野の教員派遣やアクティブラーニングの重要な領域として「ゼミ単位の調査研究」や個人単位のインターンシップが企業や自治体を巻き込んで盛んになりつつある．オフキャンパスでの教育の重要性や実効性がようやく認められてきた感がある．またそれに呼応するように，地域課題の解決を目指す地域公共人材の育成を目的とする学部が全国で創設されつつある．⑤「学生の特色ある活動の支援プラン」は，個別ゼミごとの活動を自治体や地域に紹介し，プラン④と一緒になり，後述する「多摩の学生まちづくり・ものづくりコンペ」に発展している．⑥「多摩以外の連携組織とのネットワーク強化プラン」は，全国コンソーシアム協議会を幹事団体として立ち上げコンソーシアム京都等と全国大会を主催し，毎年テーマを決めて1つのセッションを主宰している．都道府県ごとにコンソーシアムができつつあるが，ほとんどが横並びの活動で，独自性や鮮度に若干欠けるきらいがある．単位互換事業の他に単独の大学ではできないこと，単独行政

第9章　産官学の広域連携で実践する人材育成　177

の思惑を超えるような大胆な試みなどを地域一体となって作り上げるような戦略的活動が不可欠だ．個々の大学と自治体の包括協定を結ぶ動きに早晩代替されるだろう．それはコンソーシアム組織が発揮できるネットワークのスケールメリットをむざむざ捨てることにもなる．住民の生活空間，企業の取引き空間，学生の行動空間と行政の管轄する空間とは必ずしも一致するものではない．事業遂行上の財政的安定性のための支援を行政のみではなく，多方面に求めることとも検討すべきだろう．⑦「生涯学習のための情報収集提供プラン」は，⑧「生涯学習のための研究会や講座開設支援プラン」と一緒になって，前述のように「多摩・武蔵野検定」として具体化させた．初等中等教育機関や現場のビジネスにも利活用できる作問と結果を評価する学術委員会，検定実施とその効果を評価することを主とする運営委員会を中心に教育委員会を巻き込んで継続している．⑨「自治体と大学の連携による新たな生涯学習の支援プラン」は，「花と緑と知のミュージアム」として月一回多摩地域の首長や企業のトップ，専門家をお呼びして行った．パーソナルヒストリー，現在の活動を対談方式によるトークセッションの主な参加対象は「学生や若手行政マン」とした．対談をお願いしたい人たちが一巡したことと，多摩地域の抱える問題の複雑化に伴い自治体間連携の必要性が高まっているので，後述の「行政スクール」に衣替えした．若手行政マンと行政職志望の学生を対象にした「オール多摩を視野に入れた行政人材育成」を主とする．⑩「市民の企画する生涯学習事業の支援プラン」は，「多摩・武蔵野検定」合格者がリーダーになって，多摩巡り，ガイド派遣，検定学習会開催に発展している．⑪「研究連携の推進プラン」は今まで具体化されていなかった．大学をまたいでチーム編成する「地域都市政策センター（仮称）」の設置を待ってようやく実現しようとしている．⑫「大学間教育連携プラン」は，大学コンソーシアムの基本的活動である．その一環として，新聞や放送などメディアと連携した単位互換を継続してきた（写真9-3）．各地に分散立地するキャンパス間のアクセスが極端に悪く，開設はしても他大学からの受講生参加が容易ではない．開設大学へのアクセスが問題なため，他大学の学生はその科

178　第Ⅲ部　多摩活性化にむけての各論

写真 9-3　新聞社と提携した単位互換オムニバス講座

目の前後2科目の履修を放棄しなければならない．そのためIT機器を駆使して教室を分散させ，CDなどのメディアに変換した教材の配布などの工夫を続けた．現在は単位互換の多くは，狭域の大学コンソーシアムに運営が移りつつある．そこで，大学の枠を超えて教員が奨学生を直接指導するプロジェクトベースの人材育成を絡めた給付型「多摩未来奨学金」事業に転換した．以上のように現状に合わせて，12のプランは状況に合わせながら手を替え品を替え，そして形だけでなく内容も変えながら継続している．

2．「ネットワーク多摩」の挑戦2.0

　発足から18期目のうちに活動内容は大幅な改変を繰り返し，バージョン2.0に変わった．発足当時の12のプランという大枠を見失わず，状況に合わせて柔軟かつ大幅な改変を繰り返してきた．それが，「ネットワーク多摩の強み」である．ともすれば体力を消耗させる試行錯誤も「弱み」を克服する底力の源泉でもあるし，危機感を共有する加盟団体の結束を一段と強めるきっ

かけともなっている．と同時に，この連携の根幹となる使命が何かをようやく見えてきた．それは連携の強味を活かした種々の「人材育成」である．このキーワードを念頭に挑戦 2.0 を紹介する．

⑴　ネットワーク多摩の事業

現在の事業は 12 のプランの「選択と集中」をはかり，⒤大学間連携事業，⒤⒤地域人材育成事業，⒤⒤⒤国際交流の 3 つの事業に大別している．まず，⒤大学間連携事業では，新聞社の協賛による邦字と英字新聞を活用したネットワーク多摩独自の単位互換事業，多摩地域を中心に企業の出捐金を原資にする給付型「多摩未来奨学金」事業，インターンシップ，社会人基礎力向上，就職支援事業，学生生活支援事業，「学生まちづくり・モノづくりコンペ」事業，全国大学コンソーシアムの運営などがあげられる．特に文部科学省と協議しながら創設した「多摩未来奨学金」事業は，「社長後援会」や「プロジェクト報告会」などで地域の優良企業と学生たちを直接につなぐプラットフォームとして機能している．勉学に支障をきたさないように物心ともに支えてきた親世代の経済力の低下をまともに受け，各種奨学金に頼らなければならない学生が大半である．貸与型奨学金は利子も付くために卒業後の生活を脅かす．非正規労働者の割合が年々上昇していることも返還の可能性を低下させる．そのため給付型奨学基金の増加が望まれるが，なかなか財政難から，貸与型の奨学金制度が主流の期間が続いてきた．

ネットワーク多摩はいち早く給付型の奨学金制度の必要性に着目し，「企業と大学のコラボレーション」で発足するため企業大学合同奨学制度を新設した文部科学省との調整を 2011 年に開始した．双方の役割として，大学側はできるだけ多くの優れた奨学生候補を推薦する事，企業は奨学基金を「無条件」で出捐する事が決まり，準備期間 1 年ほどでこの制度は発足した．6 年目を迎えた年に，この程応募資格として GPA3.0 以上を付加し，勤勉かつ自律性に富んだ学生のみを対象にする修学支援というモットーを明確にした（写真 9-4）．さらに大学院生向けの「多摩未来奨学金／サイエンス」が 2019 年度か

写真 9-4　多摩未来奨学金交付式

ら開設される．

　また「まちづくり・モノづくりコンペ」は，年々参加ゼミ生が増加していて，多くの団体が恒例のように参加してくる．予選を通過したゼミ単位の調査研究を本選に向けて行政や企業にも指導助言をもらい，現場でも実現可能な域に高めることを狙っている．まちづくりというソフトなプランだけでなく，新たにモノづくりプログラムを追加して，理工系の学部生の参加を促し，地域の企業と学生たちの交流を深めている．毎年 10 数大学のゼミ単位の 30 数組の予選参加があり，産官学で構成される予備審査委員が本選に残る 6 組（まちづくり部門，モノづくり部門含めて）を選抜する．この選抜組に対して予備審査委員が，選抜組のプランに対してより現実味のあるより精緻なものに仕上げるためのコーディネータとして指導に当たるとともに協賛企業を通じて「調査研究費」が支給される．そして本選に挑む．本選で最優秀 1 組，優秀 3 組が選ばれる．本選の審査にあたるのは大学教員の他，商工会議所会頭，関東経済産業局幹部，不動産ビジネスのトップや幹部である．大学での理論的実践的な成果を実社会のエキスパートから評価してもらう貴重な体験ができる（写真 9-5）．

　つぎに（ⅱ）地域人材育成事業では，「知のミュージアム　多摩・武蔵野検

第9章　産官学の広域連携で実践する人材育成　181

写真 9-5　多摩の学生まちづくり・モノづくりコンペティション本選

定」が挙げられる．これは，地元住民の生涯学習を手助けする検定試験（1級から4級まで用意）と，受検者，合格者対象の学習機会の提供，地元紹介ボランティアとしての人材派遣も含まれる．さらに小中学生対象に「地元を知り，愛着をもつ」きっかけ作りを期待して，多摩地域全市町村向けに作問した「ジュニア検定」を行っている．これを受け，他に先駆けて立川市は「立川市民科」の授業として小学5年生全員に無料受検を義務づけた．地域活性化は住民たちの地元への愛着と他地域からの憧れが醸成された地域でこそ成功する．毎年赤字ではあるが，公益に資するという「ネットワーク多摩の使命」からして甘受すべきことである（写真 9-6）．この検定をもっと産業振興に使い多摩地域の持続可能性を高めるため地域にある商工団体とのコラボが次に控えている．

　「政策スクール」は（公財）東京都市町村自治調査会の後援で，自治体職員志望学生と若手職員との混成チームで構成する3つのテーマに分かれて行うワークショップ形式の研修である．多摩地域には30の市町村がある．人口56万人の市から3万人を切った村まで多様である．ネットワーク多摩を構成する8市は，多摩では古くから交通の要所であった市，日本一のニュータウン造成が行われた市の他に，古くからの産業の市であったり，商業集積が多

写真 9-6　ジュニア多摩武蔵野検定

摩全域で一番の市であったりする．だから近隣の大学生を中心に，公務員志望者にとって 8 市のどの市も根強い人気がある．多摩地域全体にわたる行政課題に対して「行政連携」の効果を実感してもらうことを目的に，その年度の課題に有益な示唆を与える基調講演と，関連する行政課題をどう連携をすることで解決できるかを若手の行政人と行政職志望の学生の混成チームでワークショップを体験する事業が「政策スクール」である．

　直近のテーマは「実効性あるシティプロモーションの作り方」とした．アクセス数が日本一に輝いた九州の中山間地のある市が依頼したふるさと紹介動画をプロデュースした広告プランナーに基調講演をお願いした．またワークショップには「企業立地」「地域活性化」「観光振興」の 3 つの領域で，シティプロモーションのあり方をめぐってそれぞれに挑んでもらった．このワークショップに参加するに際して大学教員を主とする専門コーディネータを 3 人委嘱し，彼らから参加者に対してあらかじめ課題と推奨文献が示され，十分な準備の上で熟度の高い議論が展開されるよう工夫されている（写真 9-7）．

　また，近年重要になっている大学新任の教職員向けに FD/SD セミナーを主宰する（公財）大学セミナーハウスと共催する形で行っている．どの事業も「地域づくりは人材づくり」をモットーにしている．

写真 9-7　若手行政人を育てる政策スクール

　(iii) 国際交流事業では，国の唱える留学生 30 万人計画に対応し，多摩地域企業のグローバル化の支援も視野に，入学から就学支援，就業支援までの一貫した体制作りを狙っている．まだ緒に就いた段階だが，加盟大学の国際センターや企業間ネットワーク，多摩の商工会議所のネットワークと連携し，交通利便な多摩地域数か所にサテライトキャンパスを設置し，「ビジネス日本語教育事業」や「多文化共生促進事業」「留学生就職促進事業」を効果的に組み合わせるプランを構想中である．国際交流事業の充実が他の 2 事業との相乗効果をもたらし，多摩地域の地域活性化の劇的な変化を生むはずである．

3．トップからの意識改革の必要性

　「ネットワーク多摩」は従来型の大学コンソーシアムとは異質な点が多い．まず，支持母体の特定自治体に豊富な資金的援助を期待できる大学コンソーシアムとは異なっている．年会費と国からの補助金，企業からの調査委託金などから活動資金を捻出している．大学単体の会費は，他の大学コンソーシ

184 第Ⅲ部 多摩活性化にむけての各論

図9-1 ネットワーク多摩の加盟団体数の推移

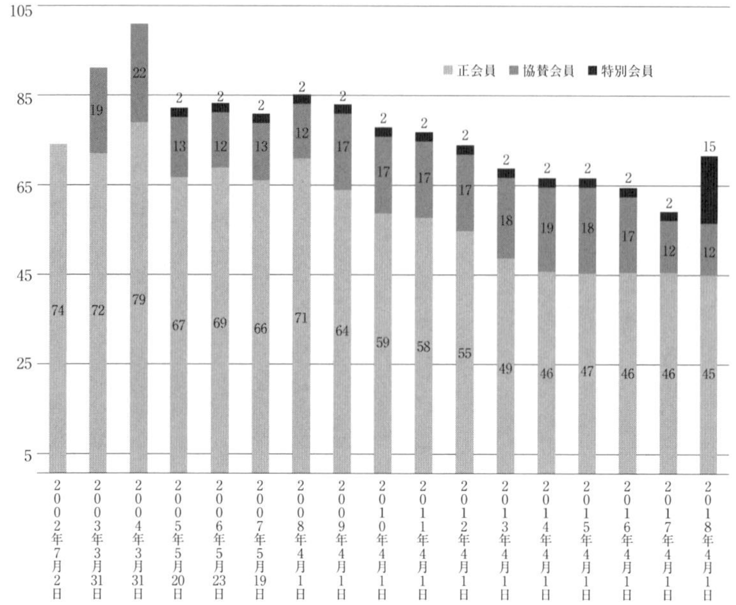

凡例：■正会員 ■協賛会員 ■特別会員

年度	正会員	協賛会員	特別会員
2002年7月2日	74		
2003年3月31日	72	19	
2004年3月31日	79	22	
2005年5月20日	67	13	2
2006年5月23日	69	12	2
2007年5月19日	66	13	2
2008年4月1日	71	12	2
2009年4月1日	64	17	2
2010年4月1日	59	17	2
2011年4月1日	58	17	2
2012年4月1日	55	17	2
2013年4月1日	49	18	2
2014年4月1日	46	19	2
2015年4月1日	47	18	2
2016年4月1日	46	17	2
2017年4月1日	46	12	2
2018年4月1日	45	12	15

（出所）「ネットワーク多摩」アーカイブスより作成

アムとは比較にならないほど低い．にもかかわらず，つねに多様化し変化する「ネットワーク多摩」構成メンバーのニーズを的確にくみ取らなければ，脱退する可能性は高い．ちなみに，図9-1にあるように最も多かった年度と現在を比較すると，加盟数は減少している．しかし，数合わせなら，何の問題もない．都心回帰で脱退したところも含めて，最も減少率の高いのは大学・短大であるが，設立時からコアになっている主要な大学は核団体としてすべて残っている上に，新たに参加を申し入れる大学も増えている．また2018年度は，企業を中心に正・特別会員が新たに14団体追加され，全体78団体と賛助会員企業で構成される規模になっている．単なる全国各地で見られる大学コンソーシアムではない，まさに名実ともに「産官学横並び」の会費制の連携組織になっている．

ただし大きな問題は，加盟団体が自分たちを守ることが第一という「ロー

カリズム」の意識を未だ払しょくできないことだ．人口の都心回帰など多摩地域が抱える構造的問題を，自治体や大学が単独で解決できる策は既に尽きようとしている．「孤軍奮闘より連携が有効」という意識改革をもっと促す必要がある．「ネットワーク多摩」を結成したにもかかわらず，自分のところが生き残ればという淡い期待がいまだ蔓延している．会費は払うから事務局主導でもっと「メリット」をだせというお任せ意識も払しょくしなければ，本当の意味で産官学連携の強みは出てこない．加盟団体のトップのさらなる意識改革が必要なのだ．

そのために大学トップを対象に2年に1度開催していた「多摩理事長・学長会議」を，毎年開催の産官学のトップ対象の「多摩未来創造フォーラム」に衣替えした．産官学のトップを直接の対象にしたこの「多摩未来創造フォーラム」は，ネットワーク多摩の前身である『多摩大学・理事長学長会議』の嫡流事業，看板事業である．ともすれば産官学のどのトップも例外なく，「組織の壁と組織固有の論理」で産官学連携の意義と必要性について「間接的にしか」認識できていない傾向がある．人口減少が一般化し「都心回帰」も

写真9-8　多摩未来創造フォーラム2018

加速度的に進む状況下で，早急かつ適切に抜本的な手を打って行かなければ多摩地域に明日はない．そのために産官学のトップに直接訴えかけ問題意識を共有してもらう機会として，毎年開催する「多摩未来創造フォーラム」が設けられた．（写真9-8）

2017年度は経団連ワシントン支局長をお招きして「多摩地域の大学と企業のグローバル化」を議論した．2018年度は小池百合子都知事に「東京都における多摩地域への役割と期待」という基調講演をお願いした．知事の基調講演を受ける形で2市長，3社長，3学長をパネリストに登壇いただき「多摩地域活性化に産官学連携組織はどう応えるべきか」を語り合ってもらった．パネルディスカッションの後懇親会を設けた．そして相互に意見を交換してもらおうとできるだけ多くの産官学のトップを聴衆席にお招きした．

ともすれば，組織のヒエラルキーはトップに都合の悪い情報やでき事を到達しにくくする．所謂「忖度」と「集団志向」の蔓延である．中間職の介在で余分な組織上の忖度もまかり通りやすい．これまでネットワーク多摩の基幹事業がトップの耳に届いているケースがあまりにも少なかった．ネットワーク多摩の諸会議に参加する中間職相互に「ほう・れん・そう（報告，連絡，相談）」の重要な使命が共有されていない場合が多かった．そこで，直接トップにこの産官学連携組織の重要性と実効性を認識してもらうことと，トップ同士で課題認識の共有化をはかり，具体的な解決までのロジックとロードマップを本音で語り合いながら描いてもらうきっかけづくりをすることに「多摩未来創造フォーラム」の本来の目的がある．今ではこのフォーラムは，トップの方々に非常に好評を博している．

おわりに

国が東京一極集中是正の一環として，「23区の大学定員抑制」に動き出している．しかし，それで大学の都心回帰が止まり，再び多摩地域にキャンパ

スの増設が実現するとは考えられない. まして首都圏やその他地方大都市圏以外に立地する大学は特色ある教育を施して人気を維持している 2, 3 の例外を除いて, この規制策がどれほどの効果を持つか不明だ. 護送船団方式の悪夢が再び始まりそうな気配だ. 為政者たちは歴史から何を学んでいるのだろうか. そのような的外れ, 時代遅れの動きはさておいて, 都心回帰の本格化を迎えた多摩地域は, 産官学各々が自らの立ち位置と連携の必要性を自覚し, 「生き残り」をかけて自らの持てる資源を地域に積極的に投入すべき段階を迎えている. 自治体の合併や大学間の一層の連携も開始されるかもしれない. それはともかく持てる地域の魅力をさらに洗練させることで 23 区と相互補完の関係を構築できるように, 「ネットワーク多摩」は地域との効果的連携を形成する底力を今こそ見せる必要がある. 23 区と多摩地域で構成される「ツインシティ」の実現がその延長線上にある. これは地方の大学連携組織にも当てはまる課題だ. 大学の活動の延長線上でたじろぐ大学コンソーシアムでは明日はないということに早く気づくべきだ. 「ネットワーク多摩」は全国の「地方」に先駆けて未踏の社会実験を展開しようとしている.

──コラム──

大学政策の今昔物語

散切り頭を叩いてみれば「文明開化」の音がする. 明治維新は福沢諭吉の言にあるように「親の仇である封建制度」を打破し, 人材の積極的登用で近代日本を作り上げた. 官立大学の狭き門を突破し, 合格したら教室では教授の言葉を一言とも漏らさずノートに筆記し暗記し, 高等文官試験をパスするために昼夜分かたず勤勉努力する. この苦行に堪えられず青雲の志を道半ばにして無念の人生行路を辿る若者も多かった. 止まることを知らない高等教育熱の高まりから, 帝国大学の他に公立や私立の学校も大学として認める「大学令」(1918 年 12 月 6 日公布)を時の原敬内閣が発布してから百年目を迎えた.

188 第Ⅲ部 多摩活性化にむけての各論

◇大学設置の規制緩和

　小泉内閣の新自由主義路線は，文部科学省の護送船団方式に基づく規制を緩和させる方向で進んだ．国立大学の法人化で代表される「遠山ビジョン」として知られるこの規制緩和で，大半の地方が「大学こそ若者を地方にとどめさせる最善の策」と勢い込んだ．

　まず，文部科学省の『学校基本調査』で 1996 年からの前半の 10 年間と，2006 年からの後半の 10 年間の動きを，全国を 10 ブロック（北海道，東北，栃木・茨城・群馬の北関東，千葉，埼玉，東京，神奈川の南関東，新潟・北陸，中部東海，近畿，中国，四国，九州・沖縄）に分割して眺めてみる．前半の 10 年で北関東と近畿がダントツの伸びを見せ，次いで中部東海，北海道，四国と続く．注目すべきは東京を含む南関東の伸びは東北や中国，九州・沖縄よりは高くともそれ程高くはない．つまり，南関東はどちらかというと抑制気味だった．そして後半の 10 年でプラスの成長を見せたのは北関東，新潟・北陸，中国だけで，あとは軒並みマイナス成長となる．

　1992 年に 18 歳人口はピークを迎え，大学・短大進学率は上昇したが入学者数は 1993 年の 81 万人でピークを迎えた．この数字がありながら，依然として地方では大学を新設し，定員を伸ばし，学生数を確保することに余念がなかった．1996 年からの 20 年間の各地域ブロックの動きからそれが見て取れる．なぜかは自明．「地方活性化のエネルギー源として重要な若者は，大学を作れば来るだろう」という甘い見通しを行政も含めてだれもが抱いたから．しかし，ふたを開けてみたら，学生が集まらない，先生の定着率が低い，就職実績がお粗末などの悪評を生む状況が次から次へと吹き出てきた．地方大学を中心にこの状況が後半の 10 年に顕在化してきた．

◇困ったときの「国頼み」

　地元大学進学率は 24.3％（1971 年）から 34.2％（2000 年）へと着実に積みあがってはいるが，それ以上に需要を甘く見積もった結果が今の窮状につながる．大学進学を支える親の経済力の低下も痛い．そして 18 歳人口は低下の一途．では方針転換して，シニア層の再教育，外国人の入学増員といってもその効果と手間暇を考えたら，どこも二の足を踏んでしま

う．需要（つまり学生数確保）度外視，採算（つまり豪華すぎる設備と教員数確保）度外視，立地（つまり学生が求める遊び場・仕事場）度外視の大学設置競争を生んできた．文部科学省も設置基準を時代の移り変わりの中で見直さなかった上に，「成否は自己責任」を建前に十分な指導をためらってきた．

　しかし困ったときはいつも「隣の芝生が青く見える．そうだ，東京独り勝ちを何とかすれば」と短絡的発想がまかり通る．全国知事会を味方に地方大学は「23区ではもう定員増化をしないでくれ．NOなら法規制を」と国に泣きついた．いつか来た道を愚かにも辿りつつある．それは工場等制限法による工場と大学の立地規制．神奈川県の一部と武蔵野，三鷹を含めて23区の規制が1959年，不運にも大阪は1964年に規制がかけられる．東京都は立ち直ったが，関西圏はまだその後遺症に悩まされている．大学は人材を取り合うグローバルな競争の真っただ中に放り出された．そこでは，東京対地方の対立軸などもはや何の意味もなさないことを肝に銘じたい．

（細野）

第 10 章

多摩地域の産業構造と相互依存

長谷川 聰哲

1. 地域内と地域外の経済の結びつき

　東京地域の経済活動を，地域を特別区（島嶼地域を含む），及び多摩地域に二分して，その地域の産業別の規模，特殊性を比較し，加えて，日本全体の産業構造の中での実態を比較し，多摩地域がその他地域（東京特別区及びその他日本）との違いを検討することが，本稿の目的である．

　一国の経済活動は，付加価値を生み出すうえで必要となる資材の調達において，経済主体の属する地域内および，地域外の様々な産業や事業主体に多かれ少なかれ依存している．それと同時に，生み出された生産物は，域内及び域外の様々な産業に中間需要として購入され，最終需要として購入されていく．加えて，最終需要を賄ううえで，一部は国外から調達する．これらの供給と購入の域内及び域外との取引を説明することができる分析手法が，地域間産業連関分析として開発されてきた．そして，この地域間の経済取引の相互依存を説明できるものが，各地域の産業連関表を結合した地域間表である．

　表 10-1 は，東京都の県内総生産（GDP の地域別統計値）[1] を，2011 年と 2015年について表記したものである．直近 2015 年の経済活動と，2011 年を比べて，2.9％の成長する中で，部門別に東京都のシェアが大きく変化するものは

192　第Ⅲ部　多摩活性化にむけての各論

表 10-1　東京および全国の産業活動別 GDP

	1	2	3	4	5	6	7	8
	農林水産業	鉱業	製造業	電気・ガス・水道・廃棄物処理業	建設業	卸売・小売業	運輸・郵便業	宿泊・飲食サービス業
全県計2011	5,101,713	410,503	107,994,787	12,273,500	25,480,939	69,292,311	25,572,905	12,756,549
東京都2011	43,393	53,263	8,911,561	1,429,077	4,608,594	22,660,328	4,425,168	2,277,985
東京都シェア	0.85%	12.98%	8.25%	11.64%	18.09%	32.70%	17.30%	17.86%
全県計2015	4,533,032	335,128	111,635,335	11,053,963	28,325,177	67,628,017	25,507,061	13,117,324
東京都2015	39,574	57,450	8,763,360	1,361,170	5,075,108	20,871,281	4,400,546	2,405,518
東京都シェア	0.87%	17.14%	7.85%	12.31%	17.92%	30.86%	17.25%	18.34%

9	10	11	12	13	14	15	16	17
情報通信業	金融・保険業	不動産業	専門・科学技術、業務支援サービス業	公務	教育	保健衛生・社会事業	その他のサービス	小計
25,522,771	23,972,300	61,821,767	37,630,407	24,424,082	20,324,406	35,451,474	24,238,279	512,268,692
10,171,572	8,602,050	11,329,847	10,868,725	3,826,347	2,849,964	3,570,265	4,516,202	100,144,343
39.85%	35.88%	18.33%	28.88%	15.67%	14.02%	10.07%	18.63%	19.55%
27,052,887	28,802,000	64,806,265	38,905,357	23,848,683	20,752,050	38,289,389	23,425,196	527,546,640
11,307,270	10,402,121	11,949,068	11,629,267	3,855,779	3,103,252	3,950,427	4,438,765	103,500,302
41.80%	36.12%	18.44%	29.89%	16.17%	14.95%	10.32%	18.95%	19.62%

（出所）総務省「経済活動別県内総生産」から東京都部分を抽出した.

さほどない. 鉱業が＋4％, 卸売・小売業＋2％, 情報通信業＋2％とシェアを高めた程度である. しかしながら, 東京都の2015年におけるシェアの大きさを部門別に見た場合, 全体の平均が19.62％であるのに比べて, 卸売・小売業の30.86％, 情報通信業41.8％, 金融・保険業36.12％, 専門・科学技術, 業務支援サービス29.89％, 等の特定サービス業における東京への集中度の高さが顕著である.

2．東京特別区と多摩地域の産業の相互依存

　以下の分析の中での誤解を避けるために，地域の捉え方を本論文では次のような区分とする．

Ⓐ　日本全国

　Ⓑ　東京特別区

　Ⓒ　東京多摩地域

　Ⓓ　その他日本

東京多摩地域には，26市3町1村の合計30の自治体が存在する．

　地域間の経済取引を産業別に表示して分析するには，地域間産業連関表を利用することができる．ここでは，日本全国を二分して，「東京都地域」と「その他日本」に分類した二地域間産業連関表[2]を利用することにする．

　いずれの地域（東京都地域，その他日本地域）も，同一産業分類（13産業部門＋本社）からなる14行×14列の産業間中間財取引のマトリクス（X11，X12，X21，X22）と，最終需要（F11，F12，F21，F22）のベクトルからなる．ここで，X12は東京都からその他日本への中間財取引，X21はその他日本から東京都地域への中間財の取引が表示され，F12は東京都からその他日本への最終需要の地域間取引になる．X12とF12を足し合わせたものが東京都からその他日本への移出（その他日本地域の移入）となり，X21とF21を足し合わせたものがその他日本から東京都地域への移出（東京都地域の移入）になる．

　前述したスカイライン・チャートによる地域経済の俯瞰図は，こうした地域間の移出入を除外して，国境を越えて産業内の需給が過不足となっていることを示しているものにすぎない．一地域の経済の産業の過不足は，外国貿易に依存するのみではなく，地域間での取引にも依存することを次の表で示している．さらに精緻に移出入を含むスカイライン・チャートを描くことによって，これらの部門別の経済取引の需給をさらに鳥瞰的に示すことも可能である．

194　第Ⅲ部　多摩活性化にむけての各論

表 10-2　二地域間産業連関表の構造

	中間需要		最終需要		対外取引		地域内生産額
	東京都地域	その他日本	東京都地域	その他日本	輸出	輸入	
東京都地域	X11	X12	F11	F12	E1	-M1	X1
その他日本	X21	X22	F21	F22	E2	-M2	X2
粗付加価値	V1	V2					
地域内生産額	X1	X2					

(出所)　筆者作成.

　この地域間産業連関表の図表の構造は，行でとらえるとそれぞれの地域の各産業活動の需給バランス式を構成している．(表10-2)

$$X11 + X12 + F11 + F12 + E1 = X1 + M1$$
$$X21 + X22 + F21 + F22 + E2 = X2 + M2$$

ここで利用する二地域間産業連関表は，東京都が公表している産業連関表を使用する．

　三地域間の説明については藤川清史 (2005)[3]，および，井出眞弘 (2003)[4]に解説されている．

　地域間交易係数は，各地域の総需要額 (中間需要額と最終需要額の和) に対して，地域間の産業がどのように貢献しているかを計算したものである．上記の記号は，それぞれ以下を示すものとする．

X11, X12　東京が東京とその他日本に供給する中間財需要としての財貨サービスの取引額

X21, X22　その他日本が東京とその他日本に供給する中間財需要としての財貨サービスの取引額

F11, F12　東京が東京とその他日本に供給する最終需要としての財貨サービスの額

第 10 章　多摩地域の産業構造と相互依存　195

F21, F22　その他日本が東京とその他日本に供給する最終需要としての財貨
　　　　　サービスの額

X1, X2　東京都地域とその他日本地域の生産額

E1, E2, M1, M2　東京都地域の輸出と輸入，その他日本地域の輸出と輸入

　産業連関表では，部門間の内生的取引が計上される．各部門間の調達額を
縦方向に計上して，その購入部門の生産額で除したものを投入係数と呼ぶ．
横方向には，供給する各部門の生産額が，内生部門の中間財として各産業に
販売され，さらには，最終需要として販売されていく．この最終需要の一部
は，輸出として外国にも販売される．同時に，国内需要を輸入によっても一
部充足される．

　本論文で使用する地域間産業連関表では，中間需要額を国内生産額で除し
て投入係数を計算する．しかし，中間財はその他地域（日本）からの調達も
包括的に投入構造としてとらえる．これが移出入として部門別に表出される
ことで，国民経済全体としての産業間相互依存の強度を示すことができる．

　先に示したように，2011 年次と比べても，2015 年次の部門別に示した生産
構造の相対的な変化は大きいものではないので，2011 年次の産業連関表を直
近の産業構造と捉えて検討することにさほど大きな影響はない．産業連関表
の基本表が公表されるのは 5 年おきで，現在利用可能な最新の産業連関表も
2011 年次のものである．

　表 10-3 には東京都の地域間産業連関表から抽出し，調整した 13 部門別の
国内生産と国内需要が示されている．東京都地域とその他日本地域が移出と
移入というチャネルでつながり，相互に依存している．国民経済の 16％を占
める東京都地域の生産額と 84％を占めるその他日本地域の生産額は，それぞ
れが独自に付加価値を生み出しているわけではなく，地域内，地域間の産業
部門を跨いだ調達網，付加価値創出網（生産ネットワーク）が構築されている．

196　第Ⅲ部　多摩活性化にむけての各論

表 10-3

東京都地域の生産と需要（2011 年）

単位：100 億円

	部門名	生産額	国内需要	域内需要	輸出	輸入	移出	移入
1	農林水産業	10	22	102	0	-12	2	-82
2	鉱業	1	66	68	0	-65	0	-3
3	製造業	879	1,295	2,531	90	-507	471	-1,706
4	建設業	706	706	706	0	0	0	0
5	電力・ガス・水道	232	231	325	0	-0	0	-94
6	商業	1,940	1,779	982	172	-11	1,026	-228
7	金融・保険	1,060	1,050	865	26	-16	185	-1
8	不動産	1,405	1,404	1,373	1	-0	32	0
9	運輸・郵便	617	585	655	91	-59	151	-222
10	情報通信	1,925	1,923	1,125	19	-17	901	-103
11	公務	604	604	604	0	0	0	0
12	サービス	4,212	4,219	3,608	57	-64	723	-113
13	本社	2,745	2,745	1,172	0	0	2,101	-528
F1	都：財・サービス内生部門計	13,589	13,884	12,944	455	-750	3,492	-2,552
F2	都：内生部門計	16,334	16,630	14,116	455	-750	5,593	-3,079
H1	内生部門計	100,844	102,065	88,844	7,094	-8,316	14,571	-1,351

その他日本の生産と需要（2011 年）

単位：100 億円

	部門名	生産額	国内需要	域内需要	輸出	輸入	移出	移入
1	農林水産業	1,193	1,433	1,353	5	-244	82	-2
2	鉱業	75	2,337	2,335	4	-2,266	3	-0
3	製造業	28,112	27,088	25,852	5,354	-4,330	1,706	-470
4	建設	4,545	4,545	4,545	0	0	0	0
5	電力・ガス・水道	2,344	2,341	2,247	3	-0	94	0
6	商業	7,425	6,926	7,580	587	-88	228	-882
7	金融・保険	2,150	2,167	2,351	58	-75	1	-185
8	不動産	5,714	5,712	5,744	2	-0	0	-32
9	運輸・郵便	4,206	4,009	3,932	485	-287	222	-145
10	情報通信	2,691	2,736	3,529	10	-55	103	-897
11	公務	3,337	3,337	3,337	0	0	0	0
12	サービス	18,585	18,674	19,284	132	-220	113	-723
13	本社	4,131	4,131	5,704	0	0	528	-2,101
G1	他：財・サービス内生部門計	80,378	81,305	82,089	6,639	-7,565	2,552	-3,336
G2	他：内生部門計	84,509	85,435	87,793	6,639	-7,565	3,079	-5,437
H1	内生部門計	100,844	102,065	88,844	7,094	-8,316	14,571	-1,351

（出所）東京都作成の地域間産業連関表を抽出し，調整した．

産業構造を俯瞰するスカイライン・チャートによる産業構造

一経済地域の産業構造の全体像を俯瞰することのできる分析アプローチとして，スカイライン・チャートという手法がある．元々，スカイライン・チャートとは，ワシリー・レオンチエフ博士[5]が一国の経済構造を説明するために編み出した手法である．

経済の生産規模を横軸に測り，産業別に生産額のシェアを並べていく．縦軸には，産業別の輸出を差し引き，輸入を足しこんだ国内需要を図り，自給率からのそれぞれの割合が描かれるものである．以下では多摩地域，東京地域，そしてその他日本地域の三地域の経済がどのような姿をしているのかを俯瞰してみることにする（図10-1）．

ここで用いる多摩地域の産業連関表は，たましん地域経済研究所の推計[6]を用いたものである．本論文では，他地域比較をするために，部分的に部門

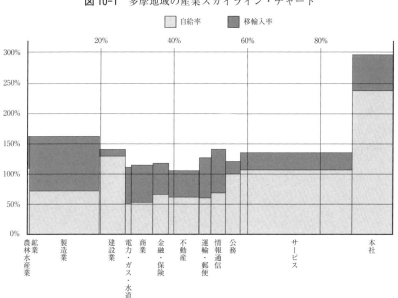

図10-1 多摩地域の産業スカイライン・チャート

198 第Ⅲ部 多摩活性化にむけての各論

統合を行っている．また，他地域と異なり，多摩地域の輸出と輸入とは，移輸出と移輸入として推計したものである．

多摩地域の経済構造の最大の特徴は，サービス業にある．これに続く経済規模をもつのが製造業，本社機能，建設業が続く．縦軸は需要の大きさを表すが，すべての産業部門の縦軸は，域内生産の自給率100パーセントを上回っているが，その内の濃く塗られた部分は輸入によって賄われる部分である．しかしながら，13部門に分割された産業連関表を見る限り，輸出から輸入を差し引いて自給率100パーセントを上回るのは，本社部門，建設部門，サービス部門だけである．サービス業に次いで経済規模の大きな製造業は，輸出が本社機能に次いで大きいにもかかわらず，その生産において同部門での輸入が輸出を上回る規模で行われれていることが分かる．他地域と異なり，大きく本社部門が需要規模が高く出ているのは，移入を差し引いても，移出が東京特別区に依存していることに拠るものと考えることができる．

東京都の産業構造

ここでは，東京都地域とその他日本のスカイライン・チャートを作成した（図10-2）．対象とする東京都地域とは，東京都が公表する二地域間産業連関表[7]を使用し，東京地域とは，多摩地域と東京特別区を合わせた全東京地域を意味している．このチャートは，多摩地域の域外取引を移輸出，移輸入と定義して描かれているものと異なり，地域外との取引には輸出と輸入は明示されるが，東京地域とその他日本の地域間の移出入は明示されていない．

東京都の経済活動で，最大規模はサービス業である．その経済の25%を上回る．続いて商業と情報・通信業，不動産業，金融・保険業である．広義のサービス業としての経済活動に占めるシェアは，9割に達する．製造業と農林水産業は，13部門分類でみる限り地域内で自給できない部門である．

その他日本の産業構造

2地域間の対となるのがその他日本地域の経済活動である（図10-3）．製造

第10章 多摩地域の産業構造と相互依存 199

図 10-2 東京地域の産業スカイライン・チャート

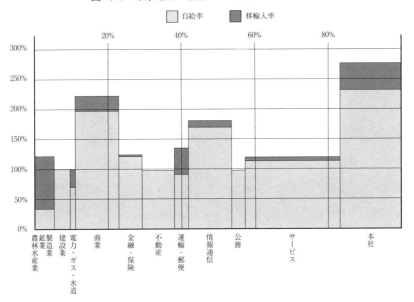

図 10-3 その他日本地域の産業スカイライン・チャート

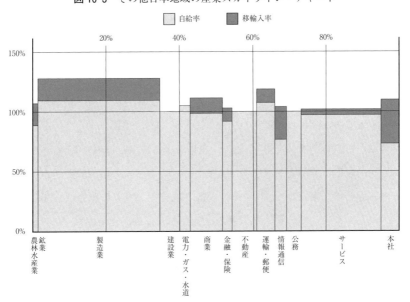

200 第Ⅲ部 多摩活性化にむけての各論

業がその生産シェアで圧倒し，3割強の経済活動を占めている．続いてサービス業であるが，両産業の違いは，製造業は輸出産業であるのに比べて，サービス部門は地域内で自給されず移輸入超過となっている．移輸出超過の部門は，13部門に限定してみる限り製造業と本社部門のみである．農林水産業も，移輸入を移輸出から差し引いてみると入超部門である．

　スカイライン・チャートの作成は，一般には国民経済を対象とするため産業連関表で国内需要を定義する場合，国境内外の取引を峻別し，国内需要＝生産額−輸出額＋輸入額で算出する．しかしながら，本稿では地域間産業連関表の主旨を生かし，地域を越えて取引し相互に依存する経済活動の特徴を説明するために，スカイライン分析における国内需要の概念を国内需要＝生産額−（移出額＋輸出額）＋（移入額＋輸入額）と定義し直すことにした．図10-1，図10-2，そして図10-3で示したスカイライン・チャートのいずれもが，こうして定義し算出した移輸出額と移輸入額を調整して描いたものである．国内需要というよりは，地域内需要と呼ぶに相応しいものである．

3．地域と国境を越えた強い生産ネットワーク

　前表で示した東京都とその他日本地域の地域間産業連関表の中で，部門を統合して中間需要と最終需要を区別して示すと表10-4となる．東京地域の地域を越えておこなわれる調達のうち，輸入が75,043億円に対して，その他日本地域からの調達は198,301億円で，自地域の調達504,743億円と較べて，28％を国内の地域を超えた調達する．他方，その他日本の中間財調達4612,257億円に対して，東京地域からの調達432,044億円で，その割合は9.36％と低い．但し，東京地域の輸入依存率が4.59％（＝75,043 / 1,633,432）であるのに対して，その他日本地域の輸入依存率は8.95％（＝756,537 / 8,450,921）と，国境を越えた調達網が東京地域よりも強く構築されていることが分かる．

第 10 章　多摩地域の産業構造と相互依存　201

表 10-4　東京都及びその他日本の地域間取引（2011 年）

（単位：億円）

		中間需要			最終需要			輸入計	生産額	生産額
		東京地域	その他日本	全　国	東京地域	その他日本	全　国			シェア
中間投入	東京地域	504,743	432,044	936,787	644,457	127,232	771,688	−75,043	1,633,432	16.20%
	その他日本	198,301	4,180,213	4,378,514	109,639	4,719,306	4,828,945	−756,537	8,450,921	83.80%
	全　国	703,043	4,612,257	5,315,301	754,096	4,846,537	5,600,633	−831,581	10,084,353	100.00%
付加価値部門計		930,389	3,838,664	4,769,053						
生産額		1,633,432	8,450,921	10,084,353						

（出所）東京都産業連関表　2011 年地域間表を元に筆者が加工した.

　上記の二地域間産業連関表は，内生部門（産業間）取引の情報を除外し，地域間の経済取引の総体的な規模を説明するものである．東京地域（特別区＋島嶼地域＋多摩地域）の生産額（2011 年）は，日本全国の 1,008 兆円のうちで，163兆円（16.2%）を占める．東京地域とその他日本地域との間の取引は，移出入として，中間需要と最終需要のいずれかの目的で購入される．最終需要の中には，国外に販売される輸出も含まれ，これに計上されている．国内需要を賄う資財の一部は，輸入に依存している．

　東京地域は，その生産額 163 兆円を生み出すうえで，東京域内での中間財の域内調達率は 71.8% であるのに対して，その他日本地域の生産額 845 兆円を生み出すうえでの中間財の域内調達率は 90.63% である．東京地域の最終需要の 85.46% が域内で賄われるのに比べて，その他日本の地域での最終需要の97.37% が域内により賄われているのである．

　二地域間産業連関表が利用できるならば，外生変数としての特定の輸出項目や最終需要項目を設定することにより，地域横断的に生産ネットワークが機能し，相互依存した調達結果が生産誘発額として産出可能になる．13 部門で算出した誘発係数は，表 10-5 のとおりである．

202　第Ⅲ部　多摩活性化にむけての各論

表 10-5　13 部門 2 地域間産業連関表（2011 年）により計算した最終需要誘発係数

		東京都地域の 最終需要誘発係数	その他日本の 最終需要誘発係数
1	農林水産業	0.000	0.021
2	鉱業	0.000	0.001
3	製造業	0.011	0.530
4	建設	0.001	0.093
5	電力・ガス・水道	0.001	0.045
6	商業	0.022	0.146
7	金融・保険	0.009	0.044
8	不動産	0.004	0.117
9	運輸・郵便	0.005	0.081
10	情報通信	0.026	0.053
11	公務	0.000	0.069
12	サービス	0.030	0.379
13	本社	0.048	0.076
14	財貨サービス内生部門計	0.110	1.579
15	内生部門計	0.158	1.656
	日本全国：内生部門計	1.814	

4．多摩地域の産業構造

　多摩地域の産業連関表を 3 地域間産業連関表に整理して計算することに代わり，生産と需要を改めて数字で示すと表 10-6 で示すことができる．この多摩地域の産業連関表では，地域を越えた供給，調達を行う取引は，一括して移輸出，移輸入を合算計上している．生産額に依存する移輸出，移輸入を比較してみると，鉱業部門，農林水産業，電力・ガス・水道，運輸・郵便，情報・通信の部門において，輸入率が 100％を上回っている．特に，鉱業と農林水産業の財貨・サービスが地域を越えて調達しなければならない状況が顕著である．他方，移輸出率を比較してみると，生産額に比して，8 割を上回る部門が鉱業，製造業，本社部門である．建設業，サービス部門，そして本社部門が移輸出-移輸入の差額がプラスとなっている地域の特徴が明らかにな

第 10 章　多摩地域の産業構造と相互依存　203

表 10-6　多摩地域の生産構造

	内生部門計	最終消費支出	固定資本形成	移輸出	(控除)移輸入	最終需要部門計	生産額	移輸出率	移輸入率
農林水産業	2,098	1,357	7	313	-3,214	-1,537	561	56%	573%
鉱業	732	-2	1	22	-726	-705	27	81%	2689%
製造業	38,393	21,082	7,315	40,764	-60,169	8,993	47,386	86%	127%
建設業	2,560	0	10,703	5,246	-1,401	14,548	17,108	31%	8%
電力・ガス・水道	4,384	3,823	0	846	-4,987	-318	4,066	21%	123%
商業	8,210	17,422	1,841	3,749	-16,777	6,235	14,445	26%	116%
金融・保険	8,409	7,394	0	2,781	-8,284	1,891	10,300	27%	80%
不動産	3,335	29,798	0	1,575	-14,461	16,912	20,247	8%	71%
運輸・郵便	5,577	7,356	163	3,407	-8,649	2,277	7,854	43%	110%
情報通信	5,514	5,063	3,267	5,546	-9,959	3,918	9,432	59%	106%
公務	295	9,727	0	2,009	-2,110	9,626	9,922	20%	21%
サービス	21,925	47,701	306	24,153	-20,085	52,072	73,996	33%	27%
本社	11,592	0	0	22,696	-6,907	15,789	27,381	83%	25%
内生部門計	113,024	150,722	23,604	113,107	-157,729	129,704	242,728	47%	65%

(出所) 筆者が, 多摩地域産業連関表を 13 部門に部門調整した.

っている. その他日本地域と異なり, 製造業では入超部門である. 情報通信部門でも, やはり入超であり, 情報通信部門の東京特別区への一極中心が顕著なことが分かる. 本社機能がその他日本地域と同様に, 多摩地域も出超で, この本社機能の東京特別区への一極集中も大きな特徴である.

　東京都特別区に一極集中する経済活動が, 地域間産業連関表とその手法を利用して産業別にみることにより, その他日本地域と異なる多摩地域の特殊性が明示できる. それとともに, 三地域のそれぞれの特殊な比較優位を生かした部門ごとに, 外国貿易を介した供給, 調達を行いながら, 地域横断的生産ネットワークが構築されていることを説明できるのである.

注

1)　総務省「経済活動別県内総生産 (実質：連鎖方式, 2011 年連鎖価格)」を元に, 東京都の経済活動部分を 2011 年及び 2015 年について抽出して作成した.

2)　東京都総務局統計部, 平成 23 年 (2011 年) 東京都産業連関表.
　http://www.toukei.metro.tokyo.jp/sanren/2011/sr11t1.htm
　国民経済を二地域間に区分けして応用した分析として, 筆者による次の分析も参

照されたい.

長谷川聰哲（2014）「東日本大震災が雇用と生産額に及ぼした影響－東北重被災地域とその他日本の相互依存」『3・11複合災害と日本の課題』第3章として所収，中央大学出版部.

3) 藤川清史（2005）『産業連関分析入門』日本評論社の第9章「地域産業連関表」.

4) 井出眞弘（2003）『Excelによる産業連関分析入門』産能大学出版部.

5) Wassily Leontief （1963）, "The structure of development" Scientific American, Inc. Reprinted in （1 Input-Output Economics, Oxford University Press, 1966.（邦訳）W. レオンチェフ著, 新飯田宏訳（1969）『産業連関分析』岩波書店.

6) 「「2011年 多摩地域・特別区産業連関表」の推計結果について」『多摩けいざい』, たましん地域経済研究所80号, 2017年4月.

7) 平成23年（2011年）東京都産業連関表　地域間表（取引基本表, 14部門分類×2地域）http://www.toukei.metro.tokyo.jp/sanren/2011/sr11t1.htm

---

——コラム——

時間よとまれ！今が最高

　高齢化社会は着実に若者の負担を増やす．その負担に耐え切れなくなって，若者は政権に「異議申し立て」するとてっきり考えていた．だから，「18歳まで選挙権を大盤振る舞いするとは政権の度量も大したものだ」と思っていた矢先の参議院選挙．その結果は見て「唖然」．時の政権は，それをちゃんと読んでいたのか．

　◇若者は保守化したのか？

　有権者数という「大標本の恵み」と調査会社の長年の蓄積からもたらされる「読みと勘」が加味され，それに組織の底力が気まぐれ行動を抑制する．だから，当落の予測は天気予報を上回ることになる．綿密な意識調査の結果に基づく確信．おそらくこれが選挙権大盤振る舞いの真相だろう.

　ところで若者の保守化が多くの識者から指摘されているし，それが「与党大勝」の参議院選挙でも見事に実証されたというが，本当にそうだろうか．若年有権者の大半を占める「支持政党なし」集団はとても流動的だ．メディアにも左右されるが，彼らに関連する社会状況にもとても敏感に反応する．NHK放送文化研究所調査では，2008年と13年の比較では20代前半と30代で自民党と他党の支持率が大幅に逆転する.

第 10 章　多摩地域の産業構造と相互依存　205

　この逆転は第 1 に非自民への政権交代に対する期待と失望の結果でもある．また海外で頻発するテロのニュースが不安を醸成し，安心感を求め未知のリスクを回避しようとする．そして「アベノミクス」が若者たちの雇用，情勢を少しは改善したことへの拍手でもある．ただし，3.11 東日本大震災は意識の上では風化してはいるが，政治や政府への不信の通奏低音を響かせている．だから，与党大勝はベストの政党選択ではなく，「消去法の選択」の結果でしかない．対応を誤ると将来に手ひどいしっぺ返しが待っている．選挙とは狙いを定めた対象の特権や地位を一挙にはく奪するというある種のカタルシスを忍び込ませた「革命劇」なのだ．今回の都知事選も与党推薦者の苦戦がスタートから予想され戦略の立て直しを何度も迫られながら，しがらみの中に埋没した．ここに若者の保守化の言説とは全くかけ離れた現実がある．

　◇時間よ，止まれ！

　お年寄りと地方にやさしい「温情の政治」．右肩上がり経済だけに許されるバラマキ政治と言ってよい．既得権に`潰れた年齢層が支持を強化する．お年寄りを中心とした「現状維持＝保守」の図式だ．右肩下がり経済になっても，有権者の影におびえ，消費税引き上げを棚上げし，規律のタガが外れ常識外れの財政赤字を解消しようともしない．この能天気ぶりを転換させる先憂後楽の逆をいく「手軽な保守政治」がまかり通っている．この手軽さに若者は抵抗しない．なぜか．「どうせ将来に希望も何もない．だったら高価な車もブランド品もいらない．今の手軽さをできるだけ長く，できるだけ金をかけずに現状維持」というのだ．バブル崩壊後の失われた20 数年の社会的風景が演出し，すっかり若者に染み込みなじんでしまったのだ．なじんでしまったとすれば，そこに不満も希望もない．ある調査によると最近の日本人の「満足感」は，男性に限って言うと 20 代から下がっていき 50 代で「満足感の底」ができる．やがて，70 代まで上昇を続けるという．この U 字型のカーブがそれを如実に物語る．20 代は可能性の時代と長らく言われてきた．それは右肩下がりの時代には通用しないのか．「仲間からもう一歩」という差異欲求よりも「仲間同士で空気を読んで」という埋没欲求が若者を支配する．それが消費に影を落とす．GDP 成長の数値目標を「絵に描いた餅」にし，為政者の自信を奪い，おびえきせる

元凶ともなる．ファウスト博士は「時間よ，止まれ．お前はなんと美しいことか」と言って悪魔に敗れ死んでしまう．今を生きる若者に，明日を約束してやれない大人に何の価値があるのか。時間が止まったような国に明日などない．

（細野）

参 考 文 献

青山 秀明 他『パレート・ファームズ』日本経済評論社 2007

アレント，H.『人間の条件』(清水速雄 訳) 筑摩書房 1994

イーフー・トワン『個人空間の誕生』(阿部一 訳) 筑摩書房 2018

伊神 満『「イノベーターのジレンマ」の経済学的解明』日経 BP 社 2018

井出 眞弘『Excel による産業連関分析入門』産業能率大学出版部 2003

宇沢 弘文 他（編）『最適都市を考える』東京大学出版会 1992

枝廣 淳子『地域経済を作り直す』岩波書店 2018

大月 敏雄『町を住みこなす』岩波書店 2017

カッツ，B.M.『世界を変える「デザイン」の誕生』(高増春代 訳) CCC メディアハウス 2017

クリステンセン，C.『イノベーションのジレンマ』(玉田俊平太 監訳) 翔泳社 2001

河野 稠果『人口学への招待』中央公論社 2007

サクセニアン，A.『現代の二都物語』(山形浩生 訳) 日経 BP 社 2011

サクセニアン，A.『最新・経済地理学』(酒井泰介 訳) 日経 BP 社 2011

サッセン，S.『グローバル・シティ』(伊豫谷登士翁訳) 筑摩書房 2008

サットン，J.『経済の法則とは何か』(酒井泰弘 訳) 麗沢大学出版会 2007

佐藤 泰裕他『空間経済学』有斐閣 2011

ジェイコブズ，J.『アメリカ大都市・地域の死と生』(山形浩生 訳) 鹿島出版会 2010

ジェイコブズ，J.『都市・地域の原理』(中江利忠他 訳) 鹿島出版会 2011

シェリング，T.『ミクロ動機とマクロ行動』(村井章子 訳) 勁草書房 2016

下総 薫（監修）『都市解析論文選集』古今書院 1987

総務省「経済活動別県内総生産（実質：連鎖方式，2011 年連鎖価格)」総務省 2011

たましん地域経済研究所「2011 年 多摩地域・特別区産業連関表の推計結果について」『多摩けいざい』80 号，多摩信用金庫 2017

ダンツイク，G.B. 他『コンパクトシティ』(森口繁一 監訳) 日科技連出版社 1974

鶴 幸太郎『人材覚醒経済』日本経済新聞出版社 2016

ティロール，J.『良き社会のための経済学』(村井章子 訳) 日本経済新聞出版社 2018

東京都総務局統計部「平成 23 年東京都産業連関表」東京都 2011

中込 正樹『都市と地域の経済理論』創文社 1996

中村 良平『まちづくり構造改革』日本加除出版 2014 年

中室 牧子 他『「原因と結果」の経済学』ダイヤモンド社 2017

長谷川 聰哲「東日本大震災が雇用と生産額に及ぼした影響」『3・11 複合災害と日本の課題』所収 中央大学出版部 2014

藤川 清史『産業連関分析入門』日本評論社 2005

八田 達夫（編）『東京一極集中の経済学』日本経済新聞社 1994

八田 達夫（編）『都心回帰の経済学』日本経済新聞社 2006

濱 英彦『人口問題の時代』日本放送出版協会 1977

バラバシ，A-L『バースト！』（青木薫監訳）NHK 出版 2012

ピオリ，M.J. 他『第二の産業分水嶺』（山之内靖他訳）筑摩書房 1993

ブキャナン，M『複雑な社会，単純な法則』（坂本芳久訳）草思社 2005

フロリダ，R.『クリエイティブ資本論』（井口典夫訳）ダイヤモンド社 2008

細野 助博『スマートコミュニティ』中央大学出版部 2000

細野 助博『政策統計』中央大学出版部 2005

細野 助博『中心市街地の成功方程式』時事通信社 2007

細野 助博他『消えさる大学！生き残る大学!!』中央アート出版社 2008

細野 助博『コミュニティの政策デザイン』中央大学出版部 2010

細野 助博『まちづくりのスマート革命』時事通信社 2013

細野 助博（編著）『新たなローカルガバナンスを求めて』中央大学出版部 2013

細野 助博 他（編著）『新コモンズ論』中央大学出版部 2016

ボネット，I.『ワークデザイン』（池村千秋 訳）NTT 出版 2018

増田 寛也『消滅可能都市』中公新書 2016

マッカン，P.『都市・地域の経済学』日本評論社 2008

森田 果『実証分析入門』日本評論社 2014

山口 一男『働き方の男女不平等』日本経済新聞出版社 2017

ラブジョイ，A. O.『存在の大いなる連鎖』（内藤健二 訳）筑摩書房 2013

レオンチェフ，W.『産業連関分析』（新飯田宏訳）岩波書店 1969

ロドリック，D.『エコノミクス・ルール』（柴山桂太他 訳）白水社 2018

ワッツ，D.『偶然の科学』（青木創 訳）早川書房 2012

Ades, A.F. and E. L. Glaeser "Trade and Circuses: Explaining Urban Giants" *Quarterly Journal of Economics* Vol.110 No.1 pp.195-227

Babaix, Xavier "Power Laws in Economics: An Introduction" *Journal of Economic Perspective* Vol.30 No.1 2016 pp.185-206

Baldwin, J. T. Dunne and J. Haltiwanger, "A Comparison of Job Creation and Job Destruction in Canada and the United States" *The Review of Economics and Statistics* Vol.80 No.3 1998 pp.347-356

Bates, R.H. et.al. *Analytic Narrativess* Princeton Univ. Press 1998

Dosi,G. D.J. Teece and J. Chytry, *Technology,Organization, and Competitiveness* Oxford University Press 2001

Duranton,G. P. Martin,T Mayer and F. Mayneris, *The Economics of Cluster* Oxford Univ. Press 2010

Fujita M. and J-F Thisse, *Economics of Agglomeration* Cambridge Univ. Press 2002

Greaser, E. L. *Cities, Agglomeration and Spatial Equilibrium* Oxford Univ. Press

2008

Greaser, E. L. *Triumph of the City* The Penguin Books. 2011

Isard, W. *Methods of Regional Analysis:an Introduction to Regional Science* The MIT Press 1960

Krugman,P R. *Development, Geography, and Economic Theory* The MIT Press 1995

Krugman, P R. "Space:The Final Frontier" *Journal of Economic Perspective* Vol.12, No.2 pp.161-174

Lee, Y. *Schumpeterian Dynamics and Metropolitan-Scale Productivity* Ashgate 2003

Leontief, W, "The structure of development" Scientific American, Inc., 1963, Reprinted in *Input-Output Economics*, Oxford University Press, 1966

Morgan, M.S. *The World in the Model* Cambridge Univ. Press 2012

Simpson, W. *Urban Structure and the Labour Market* Clarendon Press Oxford 1992

Wilson, A. (ed.) *Urban Modelling* Routledge 2013

あ と が き

　人口減少時代はあらゆる面で日本の経済社会に影を落としつつある．人口こそが，財やサービスの需要と供給の拡大に対する本質的な役割をもつとともに，新しい考え方，新しい生活様式，新しいビジネスを創造する革新的将来世代を育てる重要な役目をもつ．

　しかし人口は必要だからといって，一朝一夕で増加するわけではない．一度減少経路に入ると元の水準に戻るためにはかなりの時間を要する．それは0歳児が人口再生産の時期を迎えるには，平均して20年から30年の歳月を要することからもわかる．この長期の時間を要する取り組みの効果を確認することの重要性は論を待たないが，人口増加に本気になって取り組む意欲も決意も，政治にも行政にも不足だとしか思えない．昨今の政治家の唱える政策には「隔靴掻痒」の感がある．子供が生まれる条件づくりができていない，子供を育てる条件づくりができていない，子供が一人前になる教育条件ができていない．これらの条件は家庭が責任を負う自助，地域社会が一丸となって子供を養育する共助，将来を担う次世代を制度的に支援する公助の「補完性原理」でようやく成立する．この原理が働かなければ根本的解決など夢のまた夢と言って良い．社会全体にそれが十分に認識もされていない上に，日本型組織が陥りやすい「タコツボ思考」でお互いの連携が全くと言って良いほど取られていない．したがって，子供の声が街中でとんと聞こえなくなった．商店街をたまに歩いているのは老人だけ．子供は学校と塾と共働きで年中多忙な両親とのコミュニケーション希薄な「共同生活」．これで，将来を担う子供達にどんな成長が望めるのだろうか．これで，どんな地域社会が形成されるのだろうか．これで将来，どんな国が築かれてゆくのだろうか．

　本書は，日本の縮図と言って良い「東京の二つの顔」でもある都心を中心とする23区と東京の中の地方とも言える多摩地域を比較対照しながら，日本

中が抱える共通課題についてデータを基にして「物語風」に記述してみた．データは物語を描写し説明する「背景」である．この背景に潜む様々な現実の一部を「東京二都物語」としてあたかも小津安二郎映画に共通するローアングルからの情景描写を意識しながら語った．同時にチャールズ・ディケンズが活写した産業革命とフランス革命で対比される「二つのまちの姿」を物語として切り出した．静と動の人間の愚かさと賢さとがからみ合った人間社会の再生の営みがそこに活写されている．23区と多摩地域という「ツイン・シティ」の対照性をデータで示しながら連携することの重要性をグローバル都市間競争下にある東京を舞台にして語ってきた．この試みが成功したかどうかは，読者の判断に委ねるしかない．

　さて，本書はデータを活用した物語風実証分析（narrative analytics）でもある．しかし，データ分析から導かれた結果を唯一絶対の政策形成上の指針として提示しようと考えてはいない．あくまでも筆者たちの一つの描写手法でしかない．もっと多面的な検討や注意深い吟味が必要だとも考えている．他方それほど「現実が合理的な動きを示している」とは思えない．まして，ミクロの合理性がそのままマクロの合理性に直結するなどという甘い考え方はのぞましい政策を云々する場合に真っ先に捨て去るべき前提である．これを「合成の誤謬」としてJ.M.ケインズが皮肉たっぷりに述べている．「データが語ること」で読者を惑わせる可能性も案じながら全国で自分の住まう地域の持続可能性に強い危機感を抱く方々に「一篇の物語」として参考に供したい．これが著者たちの偽らざる願いである．

細 野 助 博

索　引

あ　行

空き店舗	21, 56, 146
足による投票	4, 31
アニマル・スピリット	59
アベノミクス	205
域内移動	12, 111
移住の法則	69, 75, 172
椅子の取り合いゲーム	10
一億総活躍社会	7, 31, 36, 47
移動法則	12, 22
イノベーション	59, 60, 87, 114
移輸出	200
移輸入	200
入れ子細工	v
失われた 20 年	22, 52, 68
NF 産業	162
NF 指数	162
M字曲線	7, 42

か　行

格差の二重構造	27
学術・文化・産業ネットワーク多摩	29, 173, 174
学生まちづくり・ものづくりコンペ	176
学長サミット多摩 2000	173
霞が関方式	51
価値創造の連鎖	58
学校基本調査	188
家庭内分業	9, 40, 84
雁行形態説	14
慣性の法則	108
基準地価	135
基盤産業	159

行政スクール	177
距離の三角形	41, 85
クオータ制	44
県民所得	57
郊外時代	68, 70, 72, 74, 75, 78, 86, 111, 171
郊外時代終焉	29
公示価格	137
工場等制限法	189
工場等立地法	29
コース制	42, 44
国土の均衡ある発展	4, 129
国内需要	200
互恵に基づく連携	61
子育ての壁	iii
国家戦略特区	3
雇用弾性値	124-127, 129
コンパクトシティ	iii

さ　行

最終需要	160
産官学横並び	173, 174, 184
産業クラスター	59
三多摩格差	125
時間価値	17, 69, 83, 86, 143, 172
時間距離の三角形	143
自己完結型都市圏	118
支持政党なし	204
下請け取引法	18
死の谷	21
支配領域（あるいは商圏）	106
シビック・プライド	119
事業所は人材を求めて立地する	11
修正 NF 指数	164
ジュニア検定	181

順位規模法則	10, 13, 15, 16, 79
承継	18, 32, 33, 114
乗数効果	159
消滅可能都市	6
消滅都市	133
職住近接	118, 142
女性活躍社会	7, 36, 41, 44
シリコンバレー	
	21, 22, 54, 60, 61, 136, 173
人口は職を求めて移動する	
	11, 25, 33, 111, 120
人材	3, 5, 10, 11, 22, 25, 29-33,
	43, 44, 49, 51-56, 58-61, 113,
	120-125, 129, 130, 142, 176-180,
	182, 187, 189
スカイライン・チャート	193
スケールメリット	131, 138, 177
生産ネットワーク	200
政治算術	60
性別分業システム	68
攻める農業	54
相互作用モデル	82, 119
存在の大いなる連鎖	iii

た 行

待機児童	7, 8, 132, 143
ダグラス＝有沢の法則	7, 85
立川市民科	181
多文化共生促進事業	183
多摩・武蔵野検定	175, 177, 180
多摩都市モノレール	72, 173
多摩未来奨学金	178-180
多摩未来創造フォーラム	185, 186
多摩理事長・学長会議	185
団塊ジュニア	7, 29, 86
探索コスト	120, 123
男女共同参画	38
地域横断的生産ネットワーク	203

地域間交易係数	194
地域間産業連関分析	191
小さな政府	169
地価神話	171
地産地消	27, 89
知的労働集約型	55
地方中核都市	120
中間需要	160
長寿社会	6
ツイン・シティ	99, 119, 131, 187
出稼ぎ経済	159, 164
出る杭を打つ	31
東京一極集中	
	50, 51, 111, 120, 130, 131, 133, 186
統計的差別	35, 36, 40, 42, 43
遠山プラン	174, 175
独占禁止法	18
都心回帰	
	8, 9, 28, 29, 41, 69, 72, 86, 87, 111,
	118, 132, 140, 143, 172, 173, 183-186
都心型サービス産業	120
都心時代	68, 70-72, 78
都心との格差	173
都心の多摩ニュータウン化	151
特区制度	54

な 行

日本創生会議	6

は 行

働き方革命	9
パレート指数	79, 80
比較優位説	38
非基盤産業	159
ビジネス日本語教育事業	183
フェイルセーフ	131
付加価値創出網（生産ネットワーク）	
	195

ふるさと納税制度	31	冷戦レジーム	5
ペティ＝クラークの法則	11	連携の核	173
平成の大合併	28	労働生産性	25, 26, 56-58
		ローカリズム	28, 184
		6次産業化	17, 27

ま 行

マクロ・ミクロ	iv
まち・ひと・しごと創生本部	50
まちづくり	22, 29, 36, 50, 51, 54,
	129, 147, 179-181
まちづくりビジョン	49

わ 行

ワークシェアリング	41
ワークライフバランス	45, 131
ワシリー・レオンチエフ	197

ら 行

ランダム・ウォーク	12, 82
留学生就職促進事業	183
累積現象	54, 129

アルファベット

Analytical Narratives（分析的物語）

iv

執筆者紹介 （執筆順）

細野　助博
ほそ　の　すけ　ひろ

研究員・中央大学総合政策学部教授. 日本公共政策学会会長（2004-06年），（一社）日本計画行政学会会長（2014-17年），財務省（大蔵省）財政制度等審議会委員（1998-現在），（公社）学術・文化・産業ネットワーク多摩専務理事（2002-現在）. 都市政策学と公共政策分析を専門. 各地の中心市街地活性化，産業振興策をアドバイス.

中　西　英一郎
なか　にし　えいいちろう

元客員研究員・多摩信用金庫経営戦略室地域経済研究所研究員. 2012年多摩信用金庫入庫. 2014年より現職. 大学や地方自治体と連携し，主に地域の経済・産業に関する調査研究に従事している. 2018年1月に開催された内閣府主催「第2回RESASアプリコンテスト」において，作成したWEBアプリ「TAMA Data Visualization」が最優秀賞を受賞.

長谷川　聰哲
は　せ　がわ　とし　あき

研究員・中央大学経済学部教授. 財務省（大蔵省）税関研修所講師（1991年-現在）. 環太平洋産業連関分析学会常任委員（1995-98年）.（一財）日本・ベトナム文化交流協会評議員（2018年-現在）. 国際経済政策と産業連関型マクロ経済予測分析を専門. INFORUM（産業連関型マクロ経済予測学会）にて産業連関型経済モデリングの世界各国の研究グループと連携.

東京二都物語
　—郊外から都心の時代へ—
　　　　　中央大学政策文化総合研究所研究叢書 25

2019年3月25日　初版第1刷発行

編 著 者　　細　野　助　博
発 行 者　　中 央 大 学 出 版 部
代 表 者　　間　島　進　吾

〒192-0393　東京都八王子市東中野 742-1
発行所　中 央 大 学 出 版 部
http://www2.chuo-u.ac.jp/up/
電話 042(674)2351　FAX 042(674)2354

©2019 細野助博　ISBN978-4-8057-1424-9　　印刷・製本 株式会社 遊文舎
本書の無断複写は，著作権法上の例外を除き，禁じられています.
複写される場合は，その都度，当発行所の許諾を得てください.